轻松教子系列

轻松搞定世界上"最磨蹭"的小孩

章 程 | 编著

时代出版传媒股份有限公司
安徽教育出版社

图书在版编目（CIP）数据

轻松搞定世界上"最磨蹭"的小孩 / 章程编著.—合肥：安徽教育出版社,2016

（轻松教子系列）

ISBN 978-7-5336-7856-2

Ⅰ.①轻…　Ⅱ.①章…　Ⅲ.①家庭教育　Ⅳ.①G78

中国版本图书馆 CIP 数据核字（2016）第 315774 号

轻松搞定世界上"最磨蹭"的小孩
QINGSONG GAODING SHIJIE SHANG "ZUI MOCENG" DE XIAOHAI

出 版 人：	郑　可
质量总监：	姚　莉
选题策划：	鲁金良
责任编辑：	张　蕾
装帧设计：	袁　泉
责任印制：	王　琳

出版发行：时代出版传媒股份有限公司　　安徽教育出版社

地　　址：合肥市经开区繁华大道西路 398 号　邮编：230601

网　　址：http://www.ahep.com.cn

营销电话：(0551)63683012,63683013

排　　版：安徽时代华印出版服务有限责任公司

印　　刷：合肥创新印务有限公司

开　　本：880×1230　1/32

印　　张：9.25

字　　数：200 千字

版　　次：2017 年 12 月第 1 版　2017 年 12 月第 1 次印刷

定　　价：32.00 元

（如发现印装质量问题,影响阅读,请与本社营销部联系调换）

Contents

目录

PART 1　理解家中的小磨蹭

3　包办代替下的小磨蹭

10　不可忽视的磨蹭原因——缺乏时间观念

16　理解孩子的"力不从心"

20　接受家里的"天生慢性子"

25　苛求完美让孩子越来越磨蹭

30　遇到学习就磨蹭的"双面人"

37　注意力分散的孩子容易磨蹭

42　心情也能左右孩子做事的速度

47　犹豫不决让孩子变得磨磨蹭蹭

53　当磨蹭变成一种对抗……

PART 2　轻松搞定小磨蹭的招数

NO.1　把催促的声音关掉

61　孩子不喜欢总被催促

65　催，会让孩子更忙乱

69　说"快点快点"会让孩子不独立

74　同时催几件事会分散孩子的注意力

80　催促孩子"快点说"会破坏亲子关系

84　让孩子倍感委屈的催促声

NO.2　尊重孩子做事的节奏

88　让孩子按照自己的方式来处理问题

93　忙，只是借口

97　耐心，耐心，再耐心

103　别用过头话刺激孩子

110　从"小淑女"到"小磨蹭"

114　让男孩更磨蹭的消极暗示

NO.3　教会孩子合理利用时间

118　时间分配一定要注意劳逸结合

123 纠正孩子不守时的毛病

129 让孩子有节制地上网

134 别让孩子养成熬夜的习惯

139 提高孩子的时间利用率

NO.4 家长要懂得适当放手

144 相信孩子的能力

150 用爱的语言鼓励孩子

157 给孩子恰当的批评

163 凡事与孩子多商量

170 别总是追究孩子的错误

177 鼓励孩子勇于认错

183 营造温馨和睦的家庭氛围

187 学会向孩子道歉

195 和孩子一起进步

200 家长要自我提醒"别着急"

NO.5 纠正孩子日常生活中的磨蹭习惯

204 孩子赖床怎么办

211 孩子吃饭磨蹭怎么办

225　孩子洗脸刷牙磨蹭怎么办

233　孩子穿衣服磨蹭怎么办

239　孩子晚上睡觉磨蹭怎么办

NO.6　理智应对孩子学习中的磨蹭问题

244　孩子做作业时找学习用品磨蹭怎么办

251　孩子不拖到最后一刻决不动笔做作业怎么办

256　孩子边做作业边玩耍怎么办

261　孩子背诵的时候磨蹭怎么办

267　孩子一遇到难题就磨蹭怎么办

274　孩子学习上"心有余力不足"怎么办

281　孩子在考试时磨蹭怎么办

PART
1

理解家中的小磨蹭

包办代替下的小磨蹭

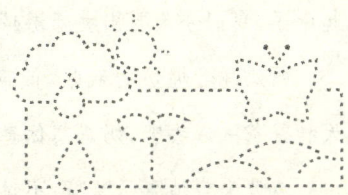

孩子磨蹭的坏习惯并不是天生的,是什么让他们变得拖拖拉拉?家长的包办代替就是其中一个原因。

现在的孩子享受了父母太多的精心照料与服务,生活中的许多事情都由大人代劳了,于是便习惯性地形成了对家长的过分依赖,即使是面对一些需要孩子自己完成的事情,他也会在那里不紧不忙地磨蹭着,等待家长的援助之手。比如孩子早晨起床后磨磨蹭蹭的,家长由于害怕孩子上学迟到而急得不得了,可是孩子却在一旁依然慢条斯理的,因为孩子心里明白,自己动作磨蹭一点没关系,到时候妈妈会来帮我的,反正上学是不会迟到的。所以,要想让孩子不再磨蹭,父母就必须剔除对他的多余的关爱,让孩子远离对父母的依赖,更不能因为看孩子做事情慢就包办代替。

星期天,波波一家准备出门去郊游。

一大早,波波就醒了,她推醒还在睡梦中的妈妈,大声说:"妈妈,

起床了,我们今天要出去郊游!"

妈妈睁开惺忪的双眼,低声说:"嗯……我有点不舒服……你今天和爸爸一起去吧,妈妈想休息一会儿!"

波波失望地噘了噘嘴,不过想到和爸爸去也一样,于是就又兴奋起来,高兴地起床了。

"波波,动作快一点,我们要赶早班车,这样不会太挤。"爸爸叮嘱道。

"哦。"波波随口应了一声。

可是当爸爸整装完毕,准备出发的时候,发现波波还在磨磨蹭蹭地刷牙,爸爸生气了:"你怎么这么慢,不是告诉你动作要快一点嘛!"

"我也想快啊,可是妈妈没有把我的衣服准备好,还有,郊游的东西也没帮我收拾,平时都是她帮我全部弄好的!你看,洗脸水也要我自己打,要是妈妈在,她都替我打好了!"

爸爸找到波波磨蹭的原因了——平时的一切都由妈妈包办代替了,导致孩子的独立性很差,做事不麻利。波波的爸爸在一家跨国公司担任要职,回家的时间很少,今天看到波波这个样子,爸爸皱起了眉头,决心改掉波波的这个坏习惯。

就在波波终于磨蹭完,准备出发去郊游的时候,爸爸突然说话了:"波波,今天我们不出去了。今天我们要专门来学一学'自己的事

PART 1
理解家中的小磨蹭

情自己做'。"

波波一听就不高兴了,在一旁生病的妈妈也强打精神说:"孩子还小,现在我帮她做一些,以后再学吧!"可是爸爸却打定了主意,对妈妈说:"应该让孩子从小就在他们的能力范围内学会自己的事情自己做,这对培养他们的独立人格有很大的好处,他们将来会受益匪浅的。"

爸爸转而对女儿说:"波波,如果今天你能学会自己穿衣服、叠衣服、穿鞋子,爸爸明天就带你出去郊游,还会再送你一份'长大'的礼物!"

本来嘟着嘴的波波听见不但可以出去玩,还有礼物收,立刻来了精神。

于是,这一天,在爸爸的细心教导下,波波开始学习自己穿衣、叠衣、穿鞋,虽然笨手笨脚,花费了很长时间,但看着女儿能干的模样,爸爸妈妈特别开心。

家长的包办代替是孩子磨磨蹭蹭、不能形成独立人格的重要原因之一,因此,要让孩子改变"龟速",说话做事"快"起来,家长就不能越俎代庖,什么事情都帮孩子做。

把做事的主动权还给孩子

许多事情都应该是孩子自己去主动完成的,家长不能因为自己的原因,比如溺爱孩子、嫌弃孩子动作慢等,大包大揽,让孩子成为被动的接受者。

很多人都知道"东方神童"魏永康被勒令退学的新闻。这位神童13岁时就完成了小学至高中的课程,以优异的成绩考入湘潭大学;4年后又以总分第二的成绩考入中国科学院高能物理研究所的硕博连读研究生。令人意想不到的是,2003年8月,中科院以魏永康不能适应研究生学习为由,劝其退学。

事实上,魏永康在学习上的不适应只是一方面,更为不适应的是在生活自理方面。魏永康从出生到去中科院读书之前,一切与生活自理有关的"活"全都被母亲包揽了。目前,已经年满22岁的魏永康,在吃饭、穿衣、洗澡、洗脸、端碗等方面仍要靠母亲帮助。

相信所有的家长都希望自己的孩子长大以后可以在德智体美方面全面健康发展。所以,从现在起,不要再包办代替,把做事的主动权还给孩子,鼓励引导孩子做些力所能及的事,如吃饭、穿衣、叠被、系鞋带、整理图书等,要让孩子学会自己的事情自己做,有意识地培

PART 1
理解家中的小磨蹭

养孩子的独立自理能力。

❤ 引导孩子"我自己做"的欲望

做父母的都有这样的体验：当孩子能独立行走时，常常不喜欢父母的帮助，表现出初步的独立意向行为，这种行为是孩子的自我意识形成的萌芽。其实，每当孩子表现出自我意识的时候，就是培养孩子"自己的事情自己做"的最好时机。比如，孩子小时候想独立行走，想自己拿勺子吃饭，想自己穿衣服，长大后想自己坐公交车上学，想独自去旅游……家长在保证安全的情况下，就应该大胆放手，引导孩子"我自己做"的欲望，他想做什么，就让他独立去做。

❤ 讲究由易到难的规律

孩子是可以独立完成很多事情的，但家长在让孩子做事的时候，一定要注意孩子的年龄特点，如果孩子的年龄比较小，动作不够协调，那么家长就要引导孩子自己去做一些事情，并且要由易到难、由浅入深地逐步提高要求，以适应孩子的发展需要。比如，在让孩子掌握穿衣服这一技能时，可以给孩子穿好衣服但不扣扣子，让孩子自己完成扣扣子;当孩子学会扣扣子之后,再次穿衣时,可以仅帮孩子穿上两只袖子,让孩子自己来穿上肩;最后可以试着在毫无帮助的情况下,让孩子独立完成整个穿衣动作。

❤ **鼓励为主,提高孩子的自信心**

很多事情不是一次就能学会的,比如,当孩子把鞋子第10次穿反了的时候你是怎样对待的呢?是简单训斥"你真笨"还是干脆包办代替呢?要知道,这样做的结果,恰恰是扼杀了孩子的主动性,把孩子"我自己做"的欲望彻底扼杀在了萌芽状态。如果家长在此时给孩子适当的鼓励:"你会穿鞋了真不错,不过仔细看看,你穿的对不对呀?"引导孩子自己发现鞋穿反了,并鼓励孩子重新穿一遍。那么,孩子的自信就会大大地增强。

❤ **独立习惯要持之以恒**

当孩子自己的事情能够自己做时,家长一定要保持教育的一致性与一贯性。孩子毕竟是孩子,自我约束力差,做事需成人不断地督促。作为家长尤其要注意:不能爸爸一个要求,妈妈一个要求;更不能今天

一个要求，明天要求就变了。只有使孩子把良好的生活习惯保持下去，我们的教育才是成功的，孩子才能尽快改掉磨蹭的坏习惯。

不可忽视的磨蹭原因
——缺乏时间观念

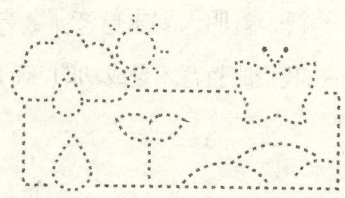

磨蹭是一个世界性的儿童行为问题,造成这种情况的原因很多,其中一点不可忽视——孩子没有时间观念。

乐乐的妈妈接到老师打来的电话,说乐乐今天又迟到了,这可是她本周第三次迟到了。老师的批评、父母的提醒都不管用,她依然会迟到,这可怎么办呢?乐乐放学回家后,妈妈问她:"你怎么又迟到了?今天不是让你早早就出门了吗?你在路上磨蹭什么了?"

乐乐说:"我不是故意的,我不知道时间这么短,路上我看到有个老爷爷在打太极拳,他打得很好,我看了一会儿,到学校就迟到了。"

女儿竟然在上学的路上看老爷爷打太极拳,她也太没有时间观念了。后来,妈妈给乐乐买了一块小手表,戴在了她的手腕上。妈妈说:"以后上学的时候一定要注意时间,千万不要在路上耽搁,否则就又会迟到了。这块小手表你要天天戴着,它可以提醒你注意时间,好吗?"

PART 1
理解家中的小磨蹭

乐乐点点头。自从戴上了小手表,乐乐果然很少迟到了。

孩子做事磨蹭,通常是因为他们不像成人那样具有时间紧迫感,他们的时间概念比较模糊。一般而言,孩子并不知道如果他把一件事尽快做完之后会有什么更好的结果,他也不知道自己稍微慢一点就会有哪些不好的结果。家长需要从小就培养孩子良好的时间观念,养成孩子做事不拖拉、不磨蹭的好习惯,因为这对于孩子的生活和学习都至关重要。

良好的作息习惯是养成时间观念的前提

家长一定要坚持让孩子养成有规律的作息习惯,因为良好的作息习惯是养成时间观念的前提。爸爸妈妈可以和孩子一起制订一张作息时间表,什么时间起床,洗漱要多长时间,吃早餐要多少时间,放学后先做什么,然后做什么,几点睡觉等,都可以让孩子做出合理的安排。只有把作息时间固定下来,形成习惯,孩子才能对时间有一个明确的认识,才能养成良好的时间观念。

❤ 把时间"挂在嘴边"

家长要在日常生活中多讲"现在几点(具体时间)",常把时间挂在嘴边,不管孩子有没有在听,如早上 7 点起床了,家长可以看看表说"现在 7 点,我们起床啦";吃早饭时可以看看表说"刚才我们刷牙洗脸花了 15 分钟,现在 7:20 我们吃早餐";到学校了说"现在 8:10,再过 20 分钟你们要上课了,晚上 4 点半妈妈来接你";"现在是晚上 7:30,我们上床读故事吧";问孩子"我们读故事读多少分钟呢?5~10 分钟吧";"刚才我们读故事花了 30 分钟,现在 8 点,我们睡觉吧"……如此这般,家长只要把时间挂在嘴边,经常说几点几点,说的时候孩子有没有认真听都不重要,持续下来就一定会有效果,这就是"潜移默化",孩子慢慢就会自然而然地建立良好的时间观念。

❤ 和孩子先"约法三章"

为了培养孩子的时间观念,在做某件事情前,家长可以和孩子约定好时间。先"约法三章",这样可以减少不必要的冲突和亲子关系危机。

PART 1
理解家中的小磨蹭

嘟嘟很磨蹭,做什么事都慢吞吞的,比如说吃饭,她会一直磨蹭着吃不完。有时候爸爸妈妈连碗都刷完了,可她依然还在吃。于是,妈妈和她约定:"如果我们吃完饭之后你依然没有吃完,那么我就会直接收掉你的碗筷,不管你有没有吃完。"

女儿对妈妈的话毫不在意,再次吃饭时,她依然很慢。结果当爸爸妈妈吃完饭之后,妈妈直接就将嘟嘟的碗筷收走了。她的碗里还留着没吃完的米饭和她最爱吃的鱼肉。嘟嘟吃惊地看着妈妈,妈妈却很平静地告诉她:"我已经和你'约法三章',提醒过你要注意时间了,如果你没有吃饱,那下次就吃快一点。"

经过这一次事情之后,嘟嘟吃饭就变快了,虽然有时候妈妈还是会收掉她没吃完饭的碗,不过她留在碗里的饭却越来越少了。直到后来,她的吃饭速度终于和爸爸妈妈同步了。

由于事先约定好了,所以到了时间,孩子一般都会遵守约定,没有什么"怨言"。不过,刚开始孩子可能会耍赖,家长要"硬起心肠",将约定执行到底。同时,也可以采取奖励措施,可以事先承诺:如果遵守约定,将会得到一定的奖励,比如,按时吃晚饭,可以多看10分钟电视。有了奖励的刺激,孩子会更认真地遵守约定。

让孩子尝尝没有时间观念的后果

孩子没有时间观念可能会尝到一些苦头,如因磨磨蹭蹭误了吃早饭、误了看电影、误了上学或其他什么有趣的事。这样,可让孩子在其中接受教训,让他们认识到没有时间观念就会有所损失。在这一点上,需要家长注意的是,别犯"皇帝不急太监急"的错误,孩子磨磨蹭蹭、拖拖拉拉,就让他自己去承担后果,千万不要唠唠叨叨提醒孩子。

找个"时间小助手"

想让本没有时间观念的孩子有所改变,找个"时间小助手"是不可或缺的。比如前面故事中的乐乐,妈妈给乐乐买了手表之后,乐乐就知道自己什么时间该干什么事情,知道自己"磨蹭了几分钟",从此改变了做事的行为习惯。除了手表以外,家长还可以在孩子房间里摆上小闹钟,在电视机旁边挂个时钟,等等。总之,在孩子经常待的地方,一定要让他可以"一扭头就能看到时间",慢慢的,孩子的时间观念就会形成了。

家长要以身作则

在有些家庭中,很多父母自身也经常浪费大量的时间,例如晚上搓麻将、侃大山,白天睡懒觉。于是,孩子也很快学会了不重视时间,且父母很少因此而指责孩子。在这种家庭中,通常缺乏对孩子的日常约束,没有规定孩子在什么时间该干什么,孩子自然就不能养成良好的时间观念。因此,家长要从自己做起,以身作则,严格遵守时间,平日里做事讲究效率。这样一来,孩子自然会效仿大人,因为对孩子来说,家长的行为准则是榜样,所以家长要有自控能力,帮助孩子养成良好的时间观念。

理解孩子的"力不从心"

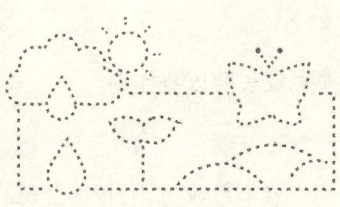

孩子磨蹭有时候是因为身体机能还没有发展到位,想和做配合得不灵活,这样的磨蹭就属于"力不从心"型。比如,孩子从来没有写过毛笔字,如果让他写字,他即使是很用心,也总是写不好,几分钟后他的手臂和肩膀会酸痛,看着歪歪扭扭难看的字迹,信心和兴趣顿时丧失,这时候家长如果让孩子坚持写下去,那么他们就会磨磨蹭蹭,焦躁不安,甚至会发脾气。这种磨蹭就需要家长的理解和耐心的指导。

萍萍做作业总是很慢,别人用 20 分钟完成的作业,她却需要 40 分钟甚至更长时间。在学校里也是如此,老师在课后允许完成作业的小朋友出去玩,她总是在同学们走了一大半的时候才能出去。但做其他事情萍萍一点都不慢,跳绳、跳舞、和同学去爬山都跑在前面,动作都跟得上。萍萍的心眼也很灵活,妈妈经常找不到钥匙,她总能提醒妈妈,做妈妈的助手一点问题都没有,就是做作业慢,这让妈妈

PART 1
理解家中的小磨蹭

百思不得其解。于是,妈妈开始细心地观察,她发现孩子做作业时也很认真,只是偶尔抠抠橡皮,叹口气,基本不分心。可为什么做作业这么磨蹭呢?这天,萍萍又在抄写生字,妈妈耐心地看着女儿,突然,她发现女儿是看一眼写一笔,这样写字当然慢。于是,妈妈就要求萍萍少看两眼,可是萍萍却做不到,妈妈着急却没有办法……

故事里的萍萍可能是视觉能力存在偏差才会导致她做作业磨蹭。视觉能力包括:视觉注意力、视觉分辨力、视觉记忆力、视觉思维力等。视觉记忆能力和视觉思维能力欠缺就会导致写一笔必须看一笔的问题,即看一个生字的时候,不一定能看仔细,即使看仔细了,也不一定能够记住,即使记住的话也可能一秒钟就忘记了,忘记了就要多看几次。这一切说明孩子看到的和记住的会有所不同,这个不同就是身体的神经系统对事物的反应不到位,而不是孩子有意为之。

当孩子出现类似这种磨蹭情况的时候,那么责怪孩子"慢"就是不对的。孩子不是不想快,是他力不从心,心里想快但是不知道怎么办。那么,这种情况下,家长可以做些什么呢?

💗 找到孩子磨蹭的缘由

像故事中的萍萍视觉能力存在偏差的缘由一样,家长也要找出

自己孩子磨蹭的缘由,主要从骨骼、肌肉、神经系统的发育,还有孩子注意力的品质几个方面去发现。必要的时候,可以咨询相关专家,不要怕麻烦,只有找到了正确的原因,才能对症下药,帮助孩子早日改掉磨蹭的坏习惯。

❤ 帮助孩子设立小目标

对于力不从心的磨蹭孩子来说,自信心就比较容易受打击,如果家长用对待其他孩子一样的标准来要求他的话,也许孩子会越来越厌恶自己所做的事情。这时候,家长就应该帮助孩子设立小目标,注意,这个小目标要是孩子比较容易达到的,然后帮助孩子循序渐进。在这个过程中,家长一定不要吝啬指导和夸奖,要让孩子体验到成就感。

❤ 建议孩子跟同龄人比赛

有竞争就会有进步,家长可以建议孩子跟自己水平差不多的人比赛,超越他人之后,再寻找更高的目标。比如故事中的萍萍,妈妈其实可以让萍萍与班级里一些写字更慢或者写字跟她差不多速度的

同学比赛,如果孩子觉得不好意思,那么也可以采用"暗中较劲"的方式,暗中和那个同学比试。通过竞争,可以帮助孩子克服磨蹭的坏习惯,同时可以让孩子看到自己的实力。

● **鼓励孩子超越自己**

孩子平时在生活中,也会看到自己和别人的差距,这时候如何帮助孩子克服消极的情绪,帮助他们改正磨蹭的习惯呢?鼓励孩子超越自己,和自己比赛吧!家长可以为孩子做一个进度表,可以几天、一周、一个月作为一个进度,先记录下孩子的原始状态,之后的每一天记录下孩子的实际情况,然后与他之前的行为作比较。孩子有了进步,家长就表扬,给予孩子精神和物质上的鼓励;孩子没有进步或者退步了,家长也不要着急,循序渐进,日积月累,总会有利于习惯的改善,不要因为自己的情绪影响孩子。

接受家里的"天生慢性子"

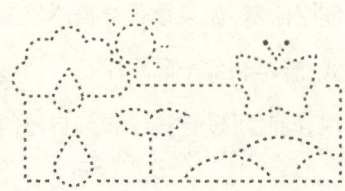

有一些孩子动作明显地比其他孩子慢,不论在什么情形下、做什么事情都慢,即便是有强烈的外界刺激他仍然是行动迟缓,慢条斯理,紧张不起来。这类孩子的神经类型往往属于相对安静的缓慢型,这是孩子一生都不太容易改变的先天气质。

小阳就是个慢性子,平常在家里做什么都不慌不忙,如果全家要出门,他一定是最后才收拾好的那一个,经常是全家人坐在那里等着他。而他在学校里就更加慢了。

有一次随堂小测验,老师在测验之前就告诉大家:"这次的题量有些大,所以大家要抓紧时间,尽量快些做。"所有的同学都加快了答题的速度,可小阳拿到试卷后却坐在那里削起了铅笔。等他把铅笔削好了,别人已经做了好几道题了。他答题时,先在草稿纸上计算一遍,然后再誊抄到试卷上。最后,老师要收卷了,虽然题量大,但做完的同学还是很多,就算有没做完的,也不过是剩下了最后一两道题。

只有小阳,他连试卷正面的题都没做完,最后的成绩当然也就很不理想。

老师为此多次找过小阳的妈妈,可妈妈也很头疼,根本不知道该怎么办。

面对这种天生慢性子的孩子,家长很难不着急,但是着急也没有用,这样的孩子既不能放任不管,也不能管得太严,因为放任不管会养成他拖拉、磨蹭的坏习惯,而管得太严,则又违背孩子的本性,正所谓:江山易改,本性难移。家长首先必须接受这样的现实,然后再想办法慢慢改变。

❤ 改变家庭氛围

孩子之所以是天生的慢性子,极有可能是家庭中有人是慢性子,是家庭氛围长期熏染的结果。所以,家长必须审视一下自己,改变家庭氛围,使家庭成员的办事速度加快,家庭氛围变得积极进取。长此以往,对孩子会有很好的影响。

给孩子讲讲"慢性子"故事

家长可以多给孩子讲讲有关"慢性子"的故事,使孩子知道慢性子这种性格的不利之处。下面几个故事可以给家长参考:

故事一:从前有一对好朋友,他俩性格不同,一个是急性子,一个是慢性子。

一天,他俩围着火炉下棋,下着下着,慢性子盯着急性子看,急性子说:"你快走呀,干嘛看着我?"慢性子慢条斯理地说:"我有件事要告诉你!"急性子说:"咱先下棋,事情等一会儿再说。"慢性子又说:"那不行,等不得。"急性子说:"那你就快说。"可慢性子又说:"我还有点不敢说。"急性子说:"为什么?"慢性子说:"我说了怕你着急,除非你答应我不着急。"急性子迫不及待地说:"快说、快说,我不着急。"于是慢性子用手指着急性子的衣摆慢吞吞地说:"你右边的衣摆被火烧着了。"急性子赶忙低头一看,衣摆被火烧了个大窟窿,气得一蹦老高大吼一声:"为什么不早说?"这时的慢性子还振振有词地说:"你看,你又着急了!"

故事二:从前,有一位县太爷和两个衙役,两个衙役性格各异——急性子、慢性子。

PART 1
理解家中的小磨蹭

一天,县太爷受一位乡绅邀请,要过河赴宴,怕耽误事就带上急性子一起去。县太爷和乡绅直喝到天黑,到渡口已没了渡船,急性子马上说:"老爷我背你过河吧!"县太爷十分高兴。过到半途,县太爷越想越高兴:"急性子啊,回去之后本老爷一定重重地赏你。"急性子一听,马上把县太爷一丢,跪拜下去,说:"谢老爷赏赐。"没想到急性子这一丢却苦了县太爷,县太爷忙说:"你怎么把我丢在水里?""老爷,你知道我是个急性子,所以一听说老爷有赏,我就恨不得马上给你叩头呢。"县太爷连连摇头:"都怪我、都怪我说得太早了。"

回到县衙,县太爷觉得许久没有见到两个儿子了,于是,就叫慢性子:"带公子来给我看看。"慢性子说:"老爷,大公子掉进井里淹死啦。"县太爷一听,气不打一处来:"什么时候的事?""回老爷,有半个月了。"县太爷越发气急:"怎么不早说?""老爷,你知道我是慢性子,若不是你老人家问起,我还要等几天才告诉你呢!"县太爷一听,顿时倒在太师椅上昏死过去。

故事里面人物的性格鲜活有趣,能够让孩子在笑声中认识到自己性格的不足,萌发改变的欲望,所以,家长不妨多给孩子讲讲类似的故事。

把握住孩子的品格教育

家长要顺其自然,不要强硬地想改变孩子的性格,而要多关注孩子的品格教育,认认真真做人,稳稳当当办事,那么即使是慢性子的孩子,也会有大出息。不过在孩子的品格教育中,家长要注意方式方法,不要埋怨、嘲笑孩子,凡事要用坦诚的态度和孩子交流,让孩子正确认识自己的优缺点,健康地成长。

苛求完美让孩子越来越磨蹭

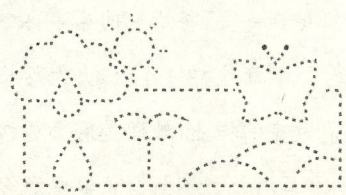

应该说,追求完美是人的天性之一,正因如此,人类才不满足于茹毛饮血、刀耕火种的生活,才有风起云涌的农业革命、工业革命和信息革命,才有人类的进化和进步。如果孩子将完美主义的性格运用得恰到好处,那么会变得积极向上,但是,如果一味地苛求完美,那么将会让孩子步入极端。

三年级的涵涵是一个很刻苦的孩子,她学习非常认真,成绩也很好,老师因此非常喜欢她。涵涵为了不辜负老师的喜爱,各方面也都积极努力地做到最好。照理说,这样的孩子应该不需要家长操什么心,但是事实恰恰相反,涵涵的妈妈实在不知道该怎么办了。

下面一种情况经常发生在涵涵家:

妈妈在织毛衣时,突然听到涵涵撕作业本的声音,妈妈不用抬头看也知道,肯定是涵涵觉得有一个字没写好,用橡皮擦了再写,感觉依然还是不好,就继续擦继续写,次数多了,作业本被擦破了,她就会

撕掉这一页,将所有的生字再誊抄一遍。

涵涵这样做作业,大大延长了她的写作业时间,本来半个小时就能做完的作业,她硬是磨磨蹭蹭写了2个小时。妈妈无奈地感叹道:"真是希望她不对自己要求那么完美!"

涵涵这种情况就是完美主义的极端表现——为了追求完美而不停地重复,这样她自然会浪费许多时间,变得磨蹭起来。那么,家中有了这么一个追求"完美"的宝贝,家长应该做些什么呢?

❤ 审视自己是否对孩子要求过高

一般来说,孩子的完美主义不是天生的,很多时候,孩子之所以有完美主义的倾向,是因为家长对他们要求过高。比如,父母非常优秀,处处要求孩子也比他人优秀,那么孩子就会以爸爸妈妈为榜样,严格要求自己,不惜一切代价力争完美,长期下去就养成了过度完美主义的性格。所以,家长对于有这种性格倾向的孩子,要采取"放宽"政策,告诉孩子他已经很不错了,不用对自己那么苛求。否则,长此以往,孩子就会被自己的性格所累。

从前,一个国王让一位神箭手射箭,他对神箭手说:我这儿有3

支箭,只要你每支箭射中十环,你就会得到 100 万元,可是你若有一箭射不中十环,那你就得死。于是这个神箭手怀着又激动又恐惧的心情,射出了前两支箭,而且都射中了。可是当他射出第三支箭的时候,却恰恰远离了箭靶子。神箭手死了。

家长要让孩子明白:苛求完美是一种不理性的、不合乎人性的观念,会让人紧张,会令人的能力受到抑制。家长要帮助孩子学会释然,不要吹毛求疵,总将注意力放在做错的事情上,要多让孩子想想自己做得好的地方。

❤ 不要对孩子过度表扬

孩子受到表扬后是非常兴奋和快乐的,为了得到表扬,有的孩子会极力表现自己,努力做到最好,因此不惜用"慢工出细活"的方式,让家长多表扬自己,体验快乐。面对这样的孩子,家长要做到表扬适度,只在孩子又快又好地完成任务的情况下才表扬,如果孩子浪费了过多的时间,那么要提出批评。同时,凡是孩子有能力做好的事情,都不要随便表扬,也可以联系学校的老师,减少对孩子的表扬。

另外,孩子希望得到更多的表扬,表明其内心不够强大,家长应该帮助孩子学会自我认可,不要让孩子过分依赖他人的表扬。

❤ 告诉孩子,生活中不存在完美

家长要让苛求完美的孩子明白,生活中是不存在完美的,任何美都是相对的。维纳斯是美的,但她的断臂使她的美成为残缺的美,可谁又能说她不美呢?有这样一个童话,家长可以讲给孩子听:

有一个圆,被人劈去了一小部分,它感到很自卑。它想要找回一个完整的自己,为此它到处去寻找属于自己的那块碎片。因为自己不是完整的,所以,在寻找的时候,它滚得很缓慢。一路上,它与鲜花为伍,同昆虫们交谈,充分地享受到生活的快乐。它找到很多碎片,却都不是从自己身上掉下来的那块,但它并不气馁,继续寻找着……终于有一天,它如愿以偿找到了那块碎片,并且使自己重新成了一个完整的圆。然而,这之后它滚动得太快了,以致错过了花开的季节,忽略了虫儿的呢喃,感受不到生活的乐趣。后来它意识到了这一点,毅然丢掉了那块历经千辛万苦才找到的碎片。

有一个作家写过这样一个故事:

一个孩子因为犯下了一个错误,他感到非常内疚。他思忖自己在其他孩子心目中的美好形象可能从此被毁,怕其他孩子们不再喜

欢他，所以他不愿意主动认错。在内心的煎熬下，他艰难地过着每一天。终于有一天，他忍不住主动向其他孩子们道了歉，承认了自己的错误，结果惊喜地发现，小伙伴们比以前更爱他了。由此他明白了：人犯错是在所难免的，那个经常会有些过失的人往往是可爱的，没有人期待你是圣人。

两个故事都说明了，一个完美的人从某种意义上来说也是一个可怜的人，他体会不到生活里有所追求、有所希冀的感觉。正因为完美，他也无法体会到当自己得到了一直追求的东西时的那种喜悦的感觉。家长要让孩子细细体味故事所讲的道理，改变孩子苛求完美的性格倾向。

除此之外，家长还可以给孩子讲一些名人的故事，比如杰出的科学家霍金是个全身瘫痪的残疾人，伟大的音乐家贝多芬听不到自己创作的歌曲，但他们的一生是欢乐多于痛苦的一生。家长要让孩子明白，人生宛若一支球队，最优秀的球队也会丢分，最差劲的球队也有过辉煌的时刻，生活中不存在完美，不要过于苛求。

遇到学习就磨蹭的"双面人"

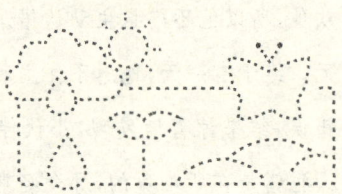

有一种孩子让家长特别头疼,他们玩的时候乐此不疲,可是一学习就表现出不愉快的情绪,动作也会明显变慢,可以说要多慢就有多慢,简直就是个"双面人",让家长无奈至极。

童童平时动作很迅速,比如要出去郊游,他可以在几分钟之内穿衣、刷牙、洗脸,整装待发,但是如果让他写作业,几道题就能写几个钟头。爸爸妈妈一跟他说"快点做作业",他就开始磨洋工。

童童不仅在家如此,在学校也是一样,课堂作业总是拖拖拉拉最后一个才交,但是体育课、美术课这些课程,他总是第一个去教室,老师见了他也连连摇头,直叹气说他"不务正业"。

童童的爸爸妈妈想过很多办法,可以说是威逼利诱全都用上了,但他就是不买账,玩时快,学时慢,弄得爸爸妈妈都想把他的脑袋中的玩和学做个对调!

遇到这样的孩子,家长没有一个不心急的,孩子既不笨,也不是天生的慢性子,但就是在学习的时候磨洋工,怎么办才好呢?家长可以试着这样做:

提高孩子的学习兴趣

孩子对学习"磨洋工",很关键的原因就是对学习没有兴趣,家长要想方设法提高孩子的学习兴趣:

第一,让孩子明确自己的学习目的。学习目的是指某学科的学习结果是什么,为什么要学习该学科。当孩子对学习没有兴趣的时候,对最终目标的了解是很重要的。学习过程多半都是要经过长期艰苦努力的,这种艰巨性往往让人望而却步,而学习又是学生的天职,所以家长要帮助孩子认真了解每门学科的学习目的,间接培养孩子的学习兴趣。例如,记外语单词和语法规则,常常是枯燥无味的。但记住以后,会给听、说、读、写、译等技能的培养带来很大的帮助,而且考试中也会得高分。如果孩子对学习的个人意义及社会意义有较深刻的理解,就会认真学习各门功课,从而对各科的学习产生浓厚的兴趣。

第二,嫁接孩子的原有兴趣。所谓"嫁接原有兴趣"就是指把原

有的其他兴趣转移到学习上来,以培养新的学习兴趣。每个孩子都有自己特别感兴趣的事,如爱玩汽车、爱搭积木等。家长就应该鼓励孩子去发现、了解与爱好有关的知识,如怎样当个好驾驶员?汽车是如何发动的?汽车的构造原理是什么?所学的知识中哪些和它们有关系?这样就把孩子对学习的兴趣在原有的基础上发散出来。爱因斯坦读中学时只对物理感兴趣,不喜欢数学,后来他在向纵深研究物理时发现数学是其基础,便又产生了对数学的兴趣。又如孩子对语文基础知识的学习不感兴趣,而对写作非常感兴趣。家长可以让孩子通过写作练习,体会语文基础知识的学习对写作的重要意义,从而增强孩子对语文基础知识学习的积极性。

第三,培养孩子的自我成就感。培养孩子的自我成就感,可以直接培养孩子的学习兴趣。在学习的过程中每取得一个小的成就,就要对孩子进行鼓励、奖赏,达到什么目标,就给什么样的奖励。有小进步、实现小目标则有小奖赏,如让孩子去玩一次自己想玩的东西;有中等进步、实现中等目标则有中等奖励,如买一本孩子喜欢的书画或乐器等;有大进步、实现大目标则有大奖励,如周末旅游等。这样通过渐次奖励来巩固孩子的行为,有助于让孩子产生自我成就感,不知不觉就会建立起直接兴趣。

第四,及时帮助孩子排忧解难。家长对孩子在学习上的不足,要

PART 1
理解家中的小磨蹭

耐心帮助他分析是学习方法问题还是教师授课问题,或是其他什么问题。及时找准原因加以克服,使孩子不至因落课过多、追课吃力而产生厌学情绪。家长应该认识到,激发孩子的学习兴趣是一件非常重要的事情,不能掉以轻心,要有足够的耐心、毅力和时间。

第五,父母要做好榜样。俗话说,言传不如身教,父母热爱学习是对孩子最大的鼓励。

在学校里,爱因斯坦是唯一的犹太孩子。爱因斯坦一进学校,就被取了两个绰号:一个是"老实人",另一个是"无聊伯伯"。因为他是那样不爱说话、孤独,当其他的孩子们在玩耍的时候,爱因斯坦总是独自坐在校园的一角,静静地想事情。

有一天,雅各布叔叔这样问他:"爱因斯坦,你知道这个定理吗?三角形斜边的平方等于其他两边平方的和?"

"哦,不知道。"

"在直角三角形中,直角的对边(斜边)最长,这是你知道的吧。我们在三个边上,各做一个正方形。那么在斜边上所做的正方形的面积,必会等于其余两个正方形面积的和。这是毕达哥拉斯发现的有名的定理。"

"哦!"爱因斯坦惊叹了一声。然后,他便下定决心要去证明这个定理。

他一心一意地想了三天，终于发现：利用一条垂线，就能证明这个定理。当时他高兴极了。爱因斯坦第一次体验到了通过自己的努力奋斗发现真理的特殊快乐。

从此以后，爱因斯坦对几何学产生了浓厚的兴趣。到十四五岁时，通过自修，他已把当时在中学里还不曾教的高等数学——解析几何、微积分等，完全学会了。在路易堡中学，爱因斯坦几乎成了小有名气的"数学专家"，教授代数学的老师，经常被爱因斯坦问得张口结舌。

爱因斯坦是由于叔叔的带动和帮助，解开了毕达哥拉斯定理，如果父母热爱学习，那么在学习气氛浓厚的环境中长大的孩子，往往更热爱学习，也不容易对学习产生磨蹭、拖拉等消极态度。

❤ 重视老师对孩子的影响

老师对孩子的态度与孩子的学习之间有一种循环关系：老师对学生关心、重视→学生积极性高→学生成绩好。这种关系表现为：老师对学生关心、重视，学生的学习积极性就高，学习成绩就好，如果老师对学生更加关心、重视，会进入下一个循环，就形成良性循环；老师对学生不关心或经常批评、体罚学生，学生的学习积极性就差，学习成绩也会下降，如果老师对学生更不关心、更不重视，就形成一个恶

性循环。良性循环会让孩子更乐于学习;而恶性循环则会让孩子越来越不喜欢学习,越来越磨蹭。所以,家长要重视老师对孩子的影响,关注老师上课的方法等,为孩子选择一位合适的老师。

积极参与孩子的学习

当孩子对学习表现出磨蹭的态度时,家长就要积极参与到孩子的学习活动中去。但有些家长会认为"我积极参与了啊,你看,辅导书都是我给他买的""孩子学的东西我都不懂,怎么参与啊",积极参与不仅仅是指给孩子买辅导书,为孩子答疑解惑,而是从心理上和孩子一起学习、一起成长,支持孩子。家长要和孩子一起发现学习的乐趣,更省力的学习方法,巧妙记住单词的诀窍……这些细微之处的关心都会让孩子感受到父母的积极参与。另外,家长在学习压力方面要时刻关注孩子,过大或过小的压力都会对孩子的学习产生很大的影响。家长可以针对孩子的"抗压能力",和孩子一起为学习做计划、定目标,让孩子快乐学习。

带领孩子多接触新鲜事物

家长要根据孩子的喜好和生活环境,经常利用节假日带领孩子接触新鲜事物,不要用做家务、看报纸、睡觉来打发节假日。家长可以和孩子一起去博物馆,和孩子一起去参加庙会,和孩子一起完成小发明……孩子在新鲜有趣的家庭活动中,会逐渐地爱上学习,懂得如何让枯燥的学习更有意义。

PART 1
理解家中的小磨蹭

注意力分散的孩子容易磨蹭

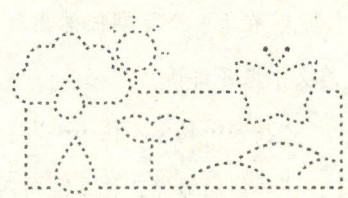

注意力是智力的基本要素之一,是记忆力、观察力、思维力、想象力的准备状态。然而,有很多孩子在生活、学习中会注意力不集中,易分心,从而导致原本要做的事情被耽搁下来,产生磨蹭行为。

虎子8岁,上小学二年级。老师经常向妈妈"告状",说他上课时注意力不集中,老走神,让妈妈好好管教。

这天,妈妈从学校回来,就和虎子谈起了话。

"虎子,老师说你上课的时候总是爱和同学讲话,有这样的情况吗?"妈妈开门见山地问。

虎子放下手里的直升飞机,对妈妈说:"嗯,有时候是会说。"

"那你知不知道,上课是不能随便和别人讲话的?"妈妈劝导道。

"知道……可是……"虎子怯懦地说。

"没有什么可是的,以后上课不可以和别人讲话。"妈妈干脆利落地结束了这次谈话。可是这次谈话并没有起到什么作用,老师们的

"告状"在下一个星期依然出现。妈妈只得再一次问虎子:"虎子,你怎么上课还讲话啊?"

"我……我忍不住……"虎子低着头轻声地说。

"那你们都说些什么?"妈妈问。

"有一次,上语文课的时候,莉莉写字的笔顺错了,我就告诉她正确的该怎么写;还有一次,老师提到米老鼠,我就跟芳芳说起了昨天的动画片……"

妈妈无奈地摇了摇头。

除了上课注意力不集中老讲话外,做作业时,虎子写字也特别慢,磨磨蹭蹭,一会儿摸摸这里,一会儿碰碰那里,难得有集中注意力写作业的时候。虎子的爸爸妈妈也非常焦虑,害怕长此以往会影响孩子的前途。

很多孩子都有虎子这个坏习惯,容易分心,注意力不集中,不光影响听课效率,作业也是拖拖拉拉的。家长如何帮助这样的孩子呢?必须帮助孩子强化自我控制能力,减少外界事物对孩子的吸引,帮助孩子学会集中注意力,使孩子从根本上"快"起来。

PART 1
理解家中的小磨蹭

测测孩子的注意力水平

孩子的注意力是否集中,有没有一个评价标准呢?怎样才算是注意力不集中,需要家长在日后进行训练?下面的这个小测试,可以判断孩子的注意力水平。

任意排列 1~25 个数字,要求孩子用手指按 1~25 的顺序依次指出其位置,同时诵读出声,家长在一旁记录孩子指出 25 个数字所用的时间。如果孩子所用的时间大于 40 秒,说明他的注意力有不集中的倾向。

本测试重做无效。

11	18	24	12	5
23	4	8	22	16
17	6	13	3	9
10	15	25	7	1
21	2	19	14	20

根据测试结果,家长可以知道孩子的注意力品质如何,从而对症下药。

♥ 给孩子一个安静的学习环境

注意力不集中的孩子非常需要安静的学习环境,只要有一点点让他们分心的东西,他们就会转移注意力,从而使手头应该做的事情一拖再拖。所以,孩子的书桌上除了文具和书籍外,不应摆放其他物品;抽屉柜子最好上锁,免得他随时打开,在没有完成学习的情况下去清理抽屉;书桌前方除了张贴与学习有关的地图、公式、拼音表格外,不应张贴其他吸引孩子注意力的东西;女孩子的书桌上不要放镜子,以免她顾影"自美";更不能允许孩子边看电视边写作业。

♥ 要求孩子在规定的时间内完成作业

有的父母因为孩子注意力不够集中而在旁边"站岗",这不是长久而行之有效的办法,长期这样,还会使孩子产生依赖心理。家长可以明确规定完成作业的时间,并在孩子的旁边放上闹钟,如果作业太多,可以让孩子分段完成。研究表明,注意力稳定时间分别为:5~10岁是20分钟,10~12岁是25分钟,12岁以上是30分钟。家长可以据此安排孩子做作业的时间。

适当给孩子一点提示

家长可以做一些小的醒目的提示牌,比如"抓紧时间做作业"等,放在书房、卧室等孩子经常待的地方,这些提示牌会及时提醒孩子赶快做好他该做的事情。同时,需要家长注意的是,这些提示牌不要太多,否则会引起孩子的反感,让他们觉得自己的生活没有自由;而提示牌也不要过于花哨,尤其不要用孩子喜欢的明星、卡通图案等,否则孩子的注意力又会再一次转移。

让孩子自己排除干扰

当孩子出现与学习不相关的兴奋点时,要让孩子尽可能地排除掉那些情绪活动。方法是这样:让孩子将自己的身体坐端正,让身体放松下来,将整个面部表情也放松下来,让孩子自言自语"我要继续做我的事""要像别人一样认真听讲"等,抵抗分心。

心情也能左右孩子做事的速度

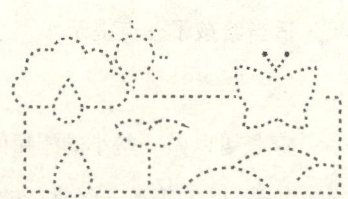

心情也能左右孩子做事的速度,当孩子高兴的时候,他会动作麻利,什么都做得又快又好;当孩子不高兴的时候,他就像霜打的茄子,做什么事都无精打采,磨磨蹭蹭。

13岁的陆颖已经是高中一年级的学生了,她从小天资聪颖,连续跳了几级,被视为"小神童"。父母也以她为骄傲,早早地为女儿准备出国留学的费用。

可是最近爸爸妈妈发现陆颖干什么都提不起劲头来,做作业的时候,本来一个小时就能完成的作业量,她磨磨蹭蹭3个小时也完成不了;到了去补习班的时间,她不是喊头痛,就是嚷恶心,总之就是不想去。

爸爸妈妈和老师联系后,才发现问题的所在。

原来,为了高一上学期期末考试,陆颖尽全力做好了准备,但也许因为用功过度,她患了重感冒,连续发了好几天高烧。当时,父母和老师都劝她别考了,可是陆颖一贯好强,每次听到"女孩在小学、初

PART 1
理解家中的小磨蹭

中成绩优秀,到高中就会大滑坡"的论调,她就会暗下决心:"我就不会这样。"高烧稍一退,她就带着药片上了考场。

陆颖的成绩并不差,是全班第十八名,所以爸爸妈妈也没有多关注她,想着高中第一次考试考这样也可以了,下次再多多努力。谁知道,要强的陆颖却无论如何也接受不了自己的成绩,要知道,她可是"小神童"啊,怎么能只考个第十八名呢! 于是,她心情非常低落,郁郁寡欢,食欲不振,做什么都感觉没劲。

孩子的心智还不成熟,很容易就会被自己的情绪所左右。就像陆颖这样,只因为学业中的一些小挫折,竟然连课都无心上,作业都拖拉着写不下去了。孩子的情绪波动大都很善变,所以出现这种做事效率跟情绪挂钩的状况也很正常。家长不要因此就冲孩子发脾气,更不要暴力对待,应该想办法让孩子拥有健全的人格,凡事乐观对待,不要轻易被悲伤、忧郁等负面情绪所左右。

让孩子从乐观的角度看问题

同一个问题,从不同方面看,就会产生不同的效果。

有一个国王想从两个儿子中选择一个做王位继承人,就给了他们每人一枚金币,让他们骑马到远处的一个小镇上,随便购买一件东西。而在这之前,国王命人偷偷地把他们的衣兜剪了一个洞。

中午,兄弟俩回来了,大儿子闷闷不乐,小儿子却兴高采烈。

国王先问大儿子发生了什么事,大儿子沮丧地说:"金币丢了!"

国王又问小儿子为什么兴高采烈,小儿子说他用那枚金币买到了一笔无形的财富,足以让他受益一辈子,这个财富就是一个很好的教训:在把贵重的东西放进衣袋之前,要先检查一下衣兜有没有洞。

同样是丢了金币,小儿子就能从中发现积极的意义,乐观地看待这件事情。家长要教会孩子换个角度看问题,不要一味地钻"牛角尖",遇到挫折就一蹶不振。

♥ 鼓励孩子多交朋友

不善交际的孩子大多性格抑郁悲观,因为他们享受不到友情的温暖,所以更容易感到孤独和痛苦。如果孩子性格比较内向的话,那么家长要引导孩子多结交一些性格开朗乐观的同龄朋友。当孩子拥有了乐观的心态,他们干什么都会很带劲,因为情绪不好而磨磨蹭蹭的问题就再也不会出现在他们身上了。

💟 让孩子爱好广泛

开朗乐观的孩子心中的快乐源自各个方面,一个孩子如果仅有一种爱好,他就很难保持长久快乐,试想:只爱看电视的孩子如果当晚没有合适的电视节目看,那么他必然会郁郁寡欢。如果孩子是书迷,但他还能热衷体育活动,饲养小动物,参加话剧演出,那么他的生活将变得更为丰富多彩,由此他也必然更为快乐。

💟 引导孩子摆脱困境

即使天性乐观的人也不可能事事称心如意,但他们大多能很快从失意中重新奋起,并把一时的沮丧丢在脑后。父母最好在孩子很小的时候就着意培养他们应付困境乃至逆境的能力。要是一时还无法摆脱困境,那么可教育孩子学会忍耐和随遇而安,或在困境中寻找另外的精神寄托,如参加运动、做游戏、与朋友聊天等。

💟 拥有自信十分重要

一个自卑的孩子往往不可能开朗乐观——这就从反面证实拥有

自信与快乐性格的形成息息相关。对一个智力或能力都有限,因而充满自卑的孩子,家长务必多多发现其长处,并审时度势地多加表扬和鼓励,来自家长和亲友的肯定有助于孩子克服自卑,树立自信。

❤ 家长要有乐观的思维方式

家长在生活中的乐观态度,对孩子具有重要的示范作用,孩子会通过观察和模仿逐渐养成乐观品质。比如说,这会儿下雨了,就要引导孩子说"下雨了",而不要说"该死的天,又下雨了",因为这样说并不能改变下雨的事实。当然,就算说"太好了,又下雨了",也不能使雨发生任何改变,可是如果把这种话说给孩子听,情况就大不一样!"瞧,太好了,又下雨了!小鸟在歌唱,小草也在歌唱,它们都得到了雨的滋润",这样就会把快乐传递给孩子,让他无论面对何种环境,都保持一种愉悦的心情。

PART 1
理解家中的小磨蹭

犹豫不决让孩子变得磨磨蹭蹭

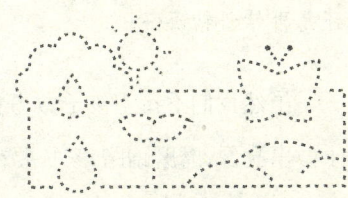

犹豫不决的孩子总是拿不定主意,会不停地思考,左右权衡,这就导致孩子在说话办事时变得磨磨蹭蹭。

乐乐是个乖巧的小女孩,老师经常夸奖她,同学们也都羡慕她,只有妈妈知道乐乐并非那么"完美",她是一个很没有主见的孩子,总是犹豫不决,和她一起做事情总是要浪费很多时间。

周末,妈妈带乐乐去买玩具,乐乐挑来挑去,拿不定主意,一晃半个小时过去了,妈妈心急地问:"你到底选好没有?"乐乐委屈地看了一眼妈妈,左手拿着一只小熊,右手拿着一个芭比娃娃,说:"我也不知道该选哪个,两个我都喜欢……"无奈,妈妈只能帮她做了决定。

乐乐在生活中这样,在平时的学习中也因为犹豫不决而磨蹭了许多时间。比如,每天做作业的时候,她都会先思量几分钟,到底是先做数学还是先做语文;写字的时候,她会呆一呆,想想到底用哪支笔来写;遇到不会的题目,她犹豫的时间更长,琢磨着该先搁置一边,

还是再钻研钻研……

虽然我们不希望孩子做事鲁莽冲动,但是我们也同样不希望孩子做事犹豫,磨磨蹭蹭,家长要帮助孩子及时纠正这种不良习惯。

❤ 找到孩子犹豫不决的原因

凡事有因才有果,为什么孩子会犹豫不决呢?

第一,家长过于保护,孩子依赖性强。家长出自"好心",唯恐委屈了孩子,一味包办代替或过多干涉孩子的事情。这样,孩子就无独立做事的经验,一旦遇事让他拿主意时,就不知所措,只能祈求别人的帮助。

第二,家长要求过分严格,孩子自信不足。爸爸妈妈望子成龙心切,对待孩子往往期望过高,总是不满意孩子的表现,赞许少、批评多。有的爸爸妈妈还让孩子做力所不能及的事,又不帮助他,结果,孩子常常感到失败的痛苦,无自信,害怕做错事,更拿不定主意。

第三,孩子对自己要求过高,追求完美。在做选择的时候,有的孩子总想要最完美的结果,可是事实却经常让孩子"头疼",选择 A,有不满意的地方;选择 B,也有不满意的地方,于是高要求的孩子就会左右为难,迟迟难做决定。

放手让孩子去做力所能及的事

要帮助孩子改掉犹豫不决的坏习惯,家长就要学会放手让孩子去做力所能及的事情。爸爸妈妈要尽早让孩子练习一些基本生活技能,如穿衣、穿鞋、擦桌子,独立完成简单的小任务。凡是孩子能够做到的,家长尽量不插手,给孩子足够的时间去思考、尝试,发现自己的能力。孩子感觉自己有能力去做好某件事,就会果断地去做。

正确评价孩子做的事

家长不恰当的评价会让孩子害怕做决定,从而犹犹豫豫,磨磨蹭蹭,所以,家长要正确评价孩子做的事,多鼓励、少批评。对竭尽全力也没做好的事,家长要给予理解,告诉孩子:"没关系,以后再慢慢努力,爸爸妈妈小时候也常常这样。"家长正确的评价,可减轻孩子的心理压力,下次做事,他会再一次鼓起勇气去拿定主意。

帮助孩子分析、权衡

追求完美的孩子在做出一个决定之前,总是瞻前顾后,考虑利弊得失,磨蹭许久也做不出选择。家长可以帮助孩子做一些必要的分析,为孩子的选择提供思路,逐渐引领孩子,养成孩子自己的判断能力。慢慢的,孩子做选择的时间自然就会缩短。

❤ 不要强硬地让孩子承担责任

家长有时候会说:"你要对你自己做的选择负责,不管结果如何,可别找我。"从某种程度上来说,这可以培养孩子的责任心,但是对于性格犹犹豫豫的孩子来说,这只会让他们磨蹭更长的时间,因为他们本来就没有主意,又怕自己后悔,更怕家长不高兴。所以,家长不要挑明了、强硬地让孩子承担责任,只要鼓励孩子下决定即可,至于决定带来的后果,家长可以事先提醒,切不可夸大渲染,给孩子过大的心理压力。

❤ 给孩子限定下决定的时间

当孩子犹豫不决的时候,有一个方法非常实用,就是给孩子限定下决定的时间,不让孩子无限制地拖延下去。

PART 1
理解家中的小磨蹭

彤彤在儿童节的时候和妈妈一起去商场购物,挑选一番后,妈妈问彤彤:"这几样当中,你想要买什么?"

彤彤想了想说:"裙子吧!"

妈妈刚要点头,彤彤却又说:"嗯……我觉得帽子也不错。"

妈妈说:"你到底要买什么?"

彤彤皱着眉头说:"我没有新裙子,马上就要夏天了,这条裙子我很喜欢;可是帽子也不错,我也没有帽子,而且夏天太阳那么热……其实,我还想要这个小包,放暑假出去玩的时候可以背……"

妈妈摇摇头说:"像你这样选这个又选那个,总也决定不了,这怎么能行呢?"

彤彤听了妈妈的话有些着急了,可是越急就越选不出来。就这样,上午时间就被彤彤这"无止境"的选择磨蹭过去了……

到了中午吃饭的时候,妈妈看彤彤依然没有决定好买什么,就看了看表,对彤彤说:"这样好了,我给你3分钟时间,你再认真思考一下。最后给我一个答案,如果你说不出来,今天我们就不买,回家去了。"

彤彤一听有些着急,可看着妈妈已经掏出手机开始进行倒计时了,她无奈得只好继续思考。

时间快到时,妈妈数出了声音:"……6、5、4、3、2、1,时间到!彤

彤,你要买什么?"

彤彤赶紧说:"裙子!"

妈妈笑了:"这不是能决定吗?为什么要等那么长时间呢?以后这个拖拉的毛病可要改一改呀!"

彤彤的妈妈就是用限定时间的方法"逼迫"彤彤不得不当即下决定,一般来说,孩子都能够在"情急"之下做出决定。不过,也有的孩子即便时间到了也依然无法下决定,这时候家长就要说到做到,兑现自己的诺言,比如彤彤如果到时间仍没有下决定,那么就不买东西直接回家。

PART 1
理解家中的小磨蹭

当磨蹭变成一种对抗……

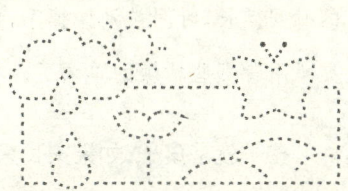

有些孩子并不想磨磨蹭蹭,只是想快却快不起来。相比之下,有些孩子故意磨蹭,把拖拉当成对抗,根本不想快起来,这对于家长来说就是更为头疼的事情。

孩子用"我不会"来磨蹭、对抗

随着孩子一天天长大,到了上学的年龄也是最让家长烦恼的年龄,许多孩子发现了"我不会"三个字的"妙用":作业拖拖拉拉,很晚还没有完成,因为"我不会";房间乱七八糟,衣服胡乱堆在床上,因为"我不会";让孩子帮忙择菜做饭,他却守着电视机磨磨蹭蹭不动弹,因为"我不会"……

东东本来可以做完作业,但是因为做完作业之后妈妈通常都要他练习书法或者背英语单词,他觉得很烦。于是,他便开始将做作业

的时间延长,时间被消磨掉了,也就该睡觉了,这样他就不用写书法,更不用背那些枯燥的单词了。

孩子就是孩子,如果家长只要求他们学习,而不给孩子玩耍的时间,那么孩子就会像故事中的东东一样,用磨蹭来对抗自己的妈妈。其实,"我不会"有时候就是"我不喜欢"的代名词,无论在学习中还是在生活中,当孩子用"我不会"来对抗你时,没有必要大发雷霆,要学会巧妙应对。

第一,分辨孩子是真不会还是假不会。当孩子对你说"我不会"的时候,家长一定要分辨真假,如果孩子是真的不会,那么就要好好指导孩子;如果孩子是假装不会,纯粹是为了磨蹭时间,那么家长就要考虑应对方法了。

第二,不要恶语伤人。很多家长控制不住自己的嘴巴,当孩子说"我不会"的时候,会半开玩笑地说"你的脑袋进水了吧,快去倒倒""隔壁家的花狗都学会了,你还不会,上课你到底干什么了"。虽然说家长是恨铁不成钢,但是这样讽刺、挖苦的话会让孩子的心灵受到伤害,对于解决孩子的磨蹭问题没有丝毫的作用。

第三,先解决情绪问题,再解决"不会"的问题。如果孩子是假的"不会",那么他的心中一定存在着对抗的情绪,家长要耐心询问,帮助孩子疏导自己的不满情绪,和孩子推心置腹地聊聊天。往往在解

决情绪问题之后,孩子的"不会"问题就不存在了。

❀ 因为"不愿意"而磨蹭、对抗

孩子在小的时候是很愿意接受妈妈交给他做的事情的,但是随着孩子的长大,家长会发现,他们开始"不愿意"了,当无法拒绝的时候,那么磨蹭就开始了。

一天,殷殷的妈妈让她去楼下超市买一袋盐,正在看动画片的殷殷百般不乐意,她噘着嘴巴对妈妈说:"我可以不去吗?"

妈妈走到殷殷面前,说:"你是个大孩子了,要帮助大人分担家务,不过是买袋盐的小事,怎么这么不乐意呢?"

殷殷眼珠子一转说:"爸爸不是还没回来吗,让他回来的时候顺便买袋盐嘛!"

妈妈摇摇头说:"等你爸爸回来再炒菜就太晚了!"

"那你为什么不去?"殷殷赌气说。

妈妈听后气不打一处来:"你怎么回事,这也不愿意,那也不愿意,我有我自己的事情要做啊!现在你闲着没事看电视,一点点事情就推三阻四的!"

被妈妈训斥后,殷殷不再说什么,关了电视进房间换衣服。

过了十几分钟,妈妈见殷殷还没出来,推门一看,她正在磨磨蹭蹭地换衣服!妈妈摇了摇头,自言自语道:"这孩子,怎么办才好啊……"

孩子不愿意做的事情,自然会磨磨蹭蹭,没有动力,面对这样的孩子,家长该怎么办呢?

第一,别给孩子太多的自由。孩子在小的时候,凡是不愿意做的事情都可以不做,不愿意接受的任务都可以拒绝,家长认为这样才符合孩子的天性,是孩子自由快乐成长的前提。这是不对的。纵然孩子不愿意,但是有些事情是他们必须自己承担的,这与自由无关。所以,家长别给孩子太多的自由,否则需要孩子承担家庭责任的时候,他们会理直气壮地拒绝。

第二,教孩子学会关爱他人。当家长需要孩子"帮帮忙"的时候,他们的磨蹭、他们的对抗会让家长心寒不已,其实,这是家长自食其果,因为家长平时太过于溺爱他们,没有教会孩子付出,去关爱他人。如何改变这一点?就从身边开始做起,需要孩子帮忙的时候就说出口,并且给孩子讲明道理。遇上磨蹭、对抗的孩子,像故事中的殷殷,就索性放下身边的琐事,好好和孩子谈一谈,让孩子学会体恤家长的辛苦与不易,孩子定会有所改变。

第三,对孩子提出"硬性指标"。家长可以给孩子定一些硬性指

标,比如,"有责任承担部分家务",当孩子用磨蹭来对抗、推卸的时候,家长不要和孩子理论,要让孩子明白,这些小手段都不奏效,该他做的事情,一件也不能少。

孩子故意"耍滑头"来磨蹭、对抗

有些孩子特别爱耍滑头,他们对爸爸妈妈的脾气禀性非常了解,很习惯如何与爸爸妈妈周旋。

辉辉有几把小手枪,他喜欢得不得了,一回到家就拿在手里玩儿,顾不上写作业。妈妈看见很生气,经常把小手枪没收了藏起来不让辉辉找到。辉辉是个鬼机灵,不管妈妈藏到哪里他都能找到,又悄悄带回屋里玩。因为怕妈妈再次没收,辉辉总是在写作业的时间关上门玩,每次妈妈敲门进来的时候,他就把小手枪藏起来,然后把作业本多翻一页,好像前面的已经做完了似的。有几次真把妈妈骗过了。不过纸是包不住火的,妈妈很快就发现了辉辉的把戏,气得要打辉辉,辉辉立刻笑嘻嘻地说:"别打,我以后不玩了,我一定先做作业。再说,打我你也心疼啊!"妈妈又生气又觉得好笑,就没有打他。妈妈离开后,辉辉得意极了,继续打开抽屉玩他的小手枪,不时地拿起笔写上几笔,然后接着玩,磨磨蹭蹭3个小时才做完作业。

对于爱耍滑头、故意磨蹭的孩子,家长不能让他轻易过关。

第一,提出明确的要求,并且监督执行。比如"我现在离开,根据你的任务量,我已经计算过了,大约半个小时就能完成,我过半小时再来检查",提出这样明确的要求后,家长要到时间就检查,不要被孩子的阿谀奉承所蒙蔽,要注意判断,别让孩子蒙混过关。

第二,有时候态度要强硬一些。有些孩子被发现耍滑头、磨蹭之后,为了逃避惩罚而说谎,家长这个时候就要赏罚分明,要强硬一点、坚定一点,明确表示自己的观点和态度,绝不可以模棱两可。

第三,玩一玩角色扮演游戏。家长可以和孩子一起玩一玩角色扮演游戏,由爸爸或妈妈来扮演孩子,孩子来扮演爸爸或妈妈,再现孩子如何耍滑头。比如,早上起床,妈妈扮演孩子,磨蹭偷懒,敷衍"妈妈",演得越逼真越好。通过这样的游戏,能够让孩子体会自己究竟浪费了多少时间,爸爸妈妈不需要负面的评价,只要表演,孩子就会自己明白。而孩子一旦发现自己耍滑头的表现被看穿了,以后也就会有所收敛了。

PART 2

轻松搞定小磨蹭
的招数

NO.1 把催促的声音关掉

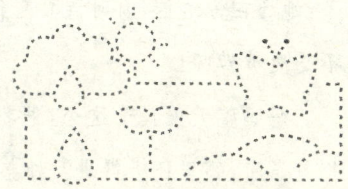

孩子不喜欢总被催促

一个孩子在日记中这样写道:

人人都有妈妈,但我的妈妈特别烦人,整天催个没完。你真不知道她有多烦,早上一起床就开始催了:"快点,快点,快点起床!""快点,快点,快点吃早餐啦!""动作要快点,不然要迟到了!"

我做事是有一点磨蹭,但我已经上初中了,难道不知道迟到是怎么回事吗?这点时间都掌握不住吗?我有时真忍不住要顶撞她!更要命的是,放学以后她就一个劲儿地催我做功课:"快点做功课啦。""今天有多少功课要做?现在做完几门了?学习不好就上不了重点高中……""现在你在班里已是第 X 名了,还不抓紧点?"最好笑的是,有一次明明讲好等我做完功课再开饭的,但还要不时来问来催。一会儿问:"你饿不饿?"一会儿又说:"快做快做!饭都要凉了,还不

快点儿做!"简直是没事找事。

如果妈妈说了而我没有做,那么她催一下倒也无所谓;可是我做了,她还在旁边催,有时候真想什么也不做了,因为做了又怎么样,还不是要被唠叨!

妈妈整天催我干这个,催我干那个,天天老一套,我听得耳朵都长茧子了,哪里还听得进?她整天在旁边吵吵闹闹,我哪能安静下来做功课呢?我觉得她总是不断地叮咛,不断地提醒,不断地督促,不断地责怪,不断地警告,简直是对我的极不信任、极不尊重。她这些重复的话既单调又乏味,使我烦透了。

你是一个让孩子烦透了的家长吗?孩子不喜欢总被催促,他们不是木偶,不需要提线才能"动",家长要懂得放手,相信孩子不用催促也能够做好,否则孩子被家长催烦了,很容易破罐子破摔,越来越磨蹭。

❤ 和孩子进行事先约定

凡是要一遍遍催促的事情,比如吃饭、起床等,家长可以和孩子进行事先约定,可以这样说:"孩子,妈妈从下次开始再叫你吃饭,请你在10分钟之内结束手头的事情来到饭桌旁,我再也不会一遍遍催

你了。如果你磨磨蹭蹭,那么错过了晚饭时间我们就先开饭了,到时候没有你的饭菜也不要生我们的气。"一旦约定好之后,就一定要坚决地执行,如果孩子在 10 分钟之内没有来吃饭,那么其他人可以先开饭,家长一定要狠下心,孩子少吃一顿、两顿没有关系,慢慢的,孩子就能够摆脱磨蹭的坏习惯了。

❤ 不要事事催促

可以说,家长对孩子的催促许多都是"无用功"。事无巨细地反复催促,不仅搞得大人因孩子磨蹭而气愤,而且让孩子在繁杂的语言环境里也定不下心来做事情,结果会适得其反。所以,家长一定要分清事情的主次,不要事事催促,一些无关痛痒的事情少说一句是一句。

❤ 改变说话语调

家庭语言的低声调是亲子关系和谐的一个重要因素,也有利于避免紧张气氛。如果发现孩子有些磨蹭,想要他提高点速度,那么可以用亲切的语言在他的身边轻轻地告诉他,让孩子感受到这既是命

令,又是感情的信任。

闹钟响起,熟睡的妈妈被吵醒,隔壁房间的儿子却一动不动,儿子没有听见吗?不一定。妈妈站在儿子床前说:"起床了。"

儿子翻了个身,把屁股对着妈妈。

"起来了,快点!一会儿要迟到了,听见没有?快点!"妈妈开始着急,用手推儿子,摇动他的身体。

孩子的睡意被渐渐赶走,开始有了反应。妈妈看儿子已经同意起床的样子,就赶紧对他说:"起了啊,妈妈去给你准备早餐。"

妈妈忙了一阵后,回到孩子房间看见孩子依然在床上香甜地睡着。妈妈皱起了眉头,她想再次训斥孩子,但是转念一想,如果训斥有用,孩子早就一骨碌爬起来了!于是她改变了方法,俯下身子,轻轻地、带点伤感地对儿子说:"你让我有点失望了呢……"

本来赖着不起的儿子被妈妈的话说得浑身一震,他充满歉意地看了一眼妈妈,用最快的速度从床上爬了起来。

悄悄一句话比家长反复多次的催促作用大得多,你也可以试着改变一下"战略",这种方法比催促更能打动孩子,让他们付诸行动。

PART 2
轻松搞定小磨蹭的招数

催,会让孩子更忙乱

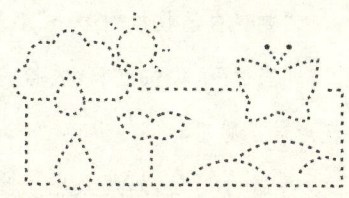

不知从何时开始,大人总喜欢说:快一点!快一点!孩子吃饭时,要快一点;穿衣服时,也要快一点;走路时,更要快一点。其实,催,有时候不但不会让事情顺着家长的意思发展,反而会让孩子更加忙乱。

放暑假了,小影邀请几个小朋友来家里玩,一大早,小影就把自己的玩具、书本,还有很多好吃的东西堆到了自己的房间。小朋友们来了以后,她们疯玩了一整天,在小影的房间里又唱又跳,一阵阵快乐的笑声不时传出。

傍晚,几个小伙伴尽兴地离开了,家里顿时清净了,小影"瘫"在沙发上对妈妈说:"哎呦,累死我了,今天真开心!"

妈妈拿着一个垃圾袋,走近小影,说:"你看,你和你的朋友把整个家弄得乱七八糟,尤其是你的房间,赶紧自己好好收拾一下,我要做晚饭了。"

"要我自己收拾啊……"小影满脸的不情愿。

"当然啊,你快点啊,收拾完了我们就吃晚饭!"妈妈嘱咐了一下就走进了厨房。

一个小时后,妈妈做完了晚饭,走到小影的房间一看,顿时气不打一处来!小影是收拾了,但漫画和玩具被随便塞到书柜和玩具箱里,桌子上还凌乱地摆放着零食、课本等,一眼看过去仍旧很乱。

"干什么呢,这是整理吗?"妈妈大声训斥道,"再给你15分钟,好好干!"

小影吐了吐舌头,只能重新整理。

15分钟后,妈妈再次走进小影的房间,桌子上是干净了不少,但其他地方依旧凌乱不堪……

"你不能快点吗,15分钟就收拾一张桌子?"妈妈说道。

"又要我干得好,又要我干得快,你到底要我怎么样啊!"小影小声嘟囔道。

催,有时候会让孩子不知所措,孩子们不像大人一样能够又好又快地做事情,他们往往顾此失彼,讲究了速度就没了质量,讲究了质量就变得磨蹭,而大人的一再催促,只会让孩子越来越忙乱。

先追求质量,再追求速度

如果一定要在质量和速度中做取舍,那么质量为先,速度其次。

从前有2位画家,性格迥然不同,一个是"秋风扫落叶"似的急性子,一个则崇尚慢工出细活。这天,他们俩同时听说有一个绘画比赛,两人都打算参赛。

第一位画家回家一晚上连画了5幅画,第二天就把它们拿去参赛;第二位画家则做工很细致,精雕细琢,可正是因为细致,所以速度就慢下来了。等他画完了一幅极美丽的画,兴致勃勃地要出门参赛时,却从朋友的口中得知活动已经结束了。

故事并没有到此为止。

第一位画家把他参赛的5幅画束之高阁,许多年都没有动它们;而第二位画家把所画的画拿去参加了另一个比赛,一举夺魁,从此平步青云,声名大噪。

两个画家在性格上都有缺点,虽然第二位画家最后成功了,但是他磨磨蹭蹭的性格已经让他错失一次机会,若没有第二次机会,岂不是空有才华了?所以,在日常生活中,孩子做事情时质量重要,速度也重要,两者相比,质量为上。家长要让孩子在确保质量的情况下,

 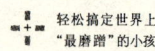

提高速度，告别磨蹭。

分阶段"下命令"

上面故事中的小影的妈妈犯了一个错误，小影其实并不具备15分钟收拾完一个房间的能力，而她的妈妈下达的命令则超过了孩子的水平。与其让孩子15分钟收拾完一个房间，不如让孩子"10分钟之内把桌子收拾干净"，如此循序渐进，分阶段布置任务，孩子不仅会将任务完成得很好，而且对提高速度、改善磨蹭习惯也大有好处。

及时表扬孩子的进步

不要认为孩子做的只是一点点小事，不值得表扬而丧失了赏识孩子的机会。孩子都愿意得到称赞，哪怕他只是整理了床铺，只要他有进步，就应该表扬，而且要及时表扬他们做得又快又好，比如"你做得真快啊！比昨天快了3分钟"，这样有针对性地表扬孩子，能够让孩子逐渐提高自己的速度。要相信，这样的表扬绝对比不断地催促有用得多。

PART 2
轻松搞定小磨蹭的招数

说"快点快点"会让孩子不独立

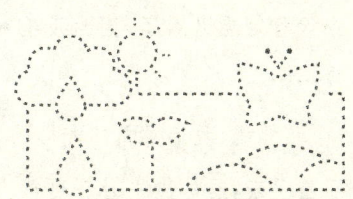

你是否经常会催促孩子"快点快点"？你的孩子是否非常独立？不要以为这两个问题没有关联，恰恰相反，很多时候，正是家长的催促让孩子难以独立。

早晨是彬彬妈妈最忙碌的时候，因为孩子非常磨蹭，做什么都是慢吞吞的，她不得不在旁边不停地催促：

"快点换衣服！"

"赶快洗脸！"

"要磨蹭到什么时候啊，快点吃早饭！"

"你居然忘了刷牙，不提醒你就是不行，赶紧赶紧！"

"作业都装进书包里了吗？都这时间了，赶紧收拾好出门！"

妈妈把孩子送到学校之后长舒一口气，感叹道："什么时候孩子才能独立啊！"

这天，妈妈感冒了，发烧到39.7℃，躺在床上起不来，她想彬彬

轻松搞定世界上"最磨蹭"的小孩

今天肯定要迟到了,因为没有她的催促,不知道他能磨蹭到什么时候……

"妈妈,我走了啊!"彬彬的声音把迷迷糊糊的妈妈唤醒了,她看了看手表,居然比平时还要早出门10分钟!仔细打量一下儿子,不仅穿戴整齐,还自己做早饭吃了。

傍晚时,妈妈又发现儿子已经自觉地在桌前写作业了,她奇怪极了:要是在平时,他肯定是在看动画片,不催上几遍"快写作业"是绝对不会去的。

许多妈妈会在某一天突然发现,一直认为什么都不行、什么都干不了的孩子,不知不觉就长成了什么都会干、什么都能干的孩子了。就像这位生病的妈妈一样,如果不是那一病,恐怕还不会认识到孩子已经能够独立了。究其原因,是妈妈们的"快点快点"把孩子给宠坏了,他们会这样想——我就算做得再慢、再磨蹭,甚至快来不及的时候妈妈就会来催我,所以等妈妈来催我的时候再做好了。所以,可以这样说,总是催促孩子,恰恰阻碍了孩子的自立。

● **家长要管好自己嘴**

为了不让孩子对家长的催促产生依赖心理,家长要管好自己的

PART 2
轻松搞定小磨蹭的招数

嘴,"狠狠心"让孩子自己去管理自己的事情,要明白,催促只能让孩子离独立越来越远,对他们的成长没有什么好处。你可以试着每次在忍不住想催促孩子的时候,都对自己说"晚5分钟再催他",慢慢的,你的催促会越来越少,孩子也会逐渐学会自己考虑自己的事情。

❤ 多给孩子一点信任

很多时候家长之所以催促孩子,是因为不信任孩子。可是,孩子的能力真的有那么差吗?像上面故事中的妈妈,不就得到了一个"惊喜"吗?家长不妨放宽心,相信孩子,即使最初的时候孩子可能依然很磨蹭,会迟到、被老师责骂……但是独立的个性也是从中培养起来的。家长的信任是孩子最好的支持。

❤ 允许孩子自己安排时间

家长可以让孩子自己来安排时间,这样可以让孩子不需要通过催促就能够将事情完成。比如,早上的时候,可以让孩子自己考虑洗脸要几分钟,刷牙要几分钟,吃早饭要几分钟等,然后计划好起床和出门的时间。当孩子自己规定好了时间以后,让孩子自己去执行,如

果来不及完成,那么第二天做点调整,这个方法能够让习惯了磨蹭的孩子自己把控时间。

兴兴的学校组织去春游,兴奋的他一回到家就嚷嚷:"妈妈,我要去春游!"

"春游啊?那你明天还会像以前一样,要我催促很多遍才起床刷牙洗脸吗?"妈妈笑着说。

"肯定不用,明天我自己起床!一定不会晚的!"兴兴信心满满地说。

"好啊,那我们来计划一下时间,确保你明天不会迟到!"妈妈拉着兴兴坐下来,拿出一张纸和一支笔,交给兴兴。

"你来计划一下,刷牙、洗脸、吃早饭等,都需要几分钟,然后我们倒推,看要几点起床合适!"妈妈在一旁说道。

"好!"兴兴拿过笔,写了起来,"穿衣服,3分钟;刷牙、洗脸,5分钟;吃早饭,15分钟……"

"我建议你早起10分钟,以免有意外情况耽搁了!"

兴兴连连点头,开始重新规划时间。

第二天,兴兴果然一反原来的磨蹭习惯,时间一到就起床,然后分秒必争地完成每一项"任务",按时出门了!妈妈看着孩子远去的背影,说道:"希望明天也这样,把磨蹭的坏习惯彻底改掉!"

PART 2
轻松搞定小磨蹭的招数

　　家长对孩子的催促永远不及孩子对自己的自我约束,允许孩子自己安排时间,是让孩子进行自我约束的重要一步。不过,家长可以帮助孩子合理规划时间,避免时间安排得太紧,让孩子过于忙乱,产生失败体验,打击其积极性。

同时催几件事会分散孩子的注意力

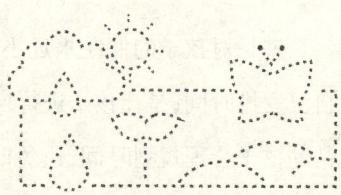

孩子本来就有可能是因为注意力不集中才导致的磨蹭行为,而同时催促几件事更会分散孩子的注意力。家长不要以为这样的错误自己不会犯,其实生活中催促孩子同时做几件事的例子比比皆是:

"作业做完了吗?把你的房间收拾一下!"

"你什么时候去洗澡?别乱扔脏衣服,放到洗衣机里!"

"快去洗脸!要迟到了啊!"

其实,说这些话的家长肯定都知道应该先做哪件事:先做作业,再打扫房间;先洗澡,再把衣服扔进洗衣机;先洗脸,再去上学。孩子也知道应该先做哪件事,可是连续不断地混在一起催促,还是会让人觉得混乱,不知道该把注意力集中在哪件事上。

PART 2
轻松搞定小磨蹭的招数

❤ 一次只下一个命令

不管时间多么紧迫,家长要注意,一次只下一个命令,因为孩子的思维发展尚不成熟,同时催促孩子做几件事,会让孩子手足无措。

骅骅的妈妈总是喜欢一次性把要求同时说出口,比如"把书放到书架上,别在这里占地方;你的杯子什么时候刷;这些课本还有用吗,没用就收起来;别忘了给你的仙人掌浇水,都一个月了……"骅骅被妈妈催促得头大,他经常是站在那里,不知道该先做什么。

也许大人觉得自己同时下达几个命令孩子完全可以处理好,其实不然,如此多的命令会让孩子不知所措,他们不得不同时注意几件事,但每件事都做不好。所以,对于孩子来说,家长要做到一次只下一个命令,不要一股脑地全部倒给孩子。

❤ 教孩子分清轻重缓急

家长有时候会注意如何下达命令,不同时催促几件事,让孩子的注意力集中在一件事情上,但是老师、同学并不一定能够做到这一点,所以为了避免孩子出现不知所措的情况,有必要教会孩子在面对

多件事情的时候,分清轻重缓急。

第一,让孩子明白,分清轻重缓急对于一个人来说非常重要。如何对孩子阐述这一点的重要性?可以给孩子讲讲下面的故事。

彼德现在是公司的骨干,处理事情果断有序,深得老板的赏识。可他在刚加入公司时,却是一个做事磨蹭,而且不分缓急轻重的年轻人,他差点被老板给辞掉。那么,为什么后来他被留了下来,而且自身的进步也很快,还让老板非常赏识呢?那是一次让他终生都不能忘掉的经历,因为那次经历他才有了今天的成绩。

彼德刚刚加入到公司时,不仅做事效率低,而且不分主次。老板安排他做几件事,他往往都是做了次要的,而主要的事情却没有完成。即使在时间不充足的情况下,他也不分主次,而是按老板安排事情的先后顺序来做。

有一次,老板让他把半年来公司的业绩统计一下,做个明细表出来,并且要求在3天内做好;可下午又让他准备好一些资料,晚上要用这些资料和一个客户谈生意。彼德下午在做业绩明细表时,想着准备资料很简单,老板用的时候再拿也不迟,就这样他继续做着明细表。可到了晚上老板向彼德要资料时,彼德却手忙脚乱地到处找,平时资料都很全,可今天却缺了很多,再重新做已经来不及了,气得老

PART 2
轻松搞定小磨蹭的招数

板狠狠地训斥了他一顿,并且说:"如果今天的生意谈不下来,你明天就不用上班了。"彼德站在那里后悔自己应该先把老板需要的资料准备好,可是已经晚了。

第二天,老板告诉彼德,客户没有表示跟他们合作,也没表示不跟他们合作,但是凭老板的经验这笔生意多数成不了。老板对彼德说:"今天你去和客户谈,如果谈成了,你非但不会被公司辞退,而且还会加薪;如果没谈成,你就自己收拾东西走吧!"彼德心里不安,因为他从来没有单独跟一个客户谈过生意。可现在是非去不可,老板告诉他客户的名字叫安德鲁,住在离公司不远的一个酒店。

彼德来到了这个酒店,坐在大厅里想着该如何去跟客户谈,可是他根本不知道该怎样做,这事对他太重要了。正在他不知所措时,一个中年人坐在了他的对面,看他焦躁的样子便问了:"你心里有烦恼?"

此时彼德想寻求帮助,于是把事情的经过说了一遍,中年人对彼德说:"年轻人,你分不清什么是重要的,什么是次要的。愿意听我的具体解释吗?"

"我不但愿意听,而且非常感谢。"

"你看,你现在正准备和客户谈生意,可是你却坐在这里发呆,想一些无关紧要的事,而那些事都是在你和客户谈过生意后才可能会

发生的。你没有分清主次,没有认识到你将要做的事才是主要的。如果是我的话,我可能会选择翻资料,并且将主要的内容熟记,以化解客户心里的疑问。那些你所想的事都是次要的,它是将来该发生的事情,你不必为那些还没有发生的事烦恼,重要的是做好你现在要做的事。好了,我只能和你谈这么多,因为我要去参加一个会议,祝你好运。"说完就走了。

彼德听了这些话大受启发,心里也开朗了许多,也有了精神,他拿起资料翻了几遍,很快熟悉了上面的主要内容,然后敲开了安德鲁的房门。

因为那一次经历,他改变了许多,做事变得有条不紊,主次分明,得到了老板的赏识。

彼德的故事告诉我们,分清事情的轻重缓急对于一个人的成长、发展都极为重要。只有以这一原则为中心,做事才能得心应手。

第二,从日常言辞中潜移默化影响孩子。家长可以从自己的言辞中让孩子明白该怎么做,比如,当你想让孩子写完作业再练琴,那么可以这样说:"练琴没有写作业重要,先写完作业吧!"孩子从你的话中就会明白,哪件是主要的事,哪件是次要的事。

不要轻易打断孩子

还有一种情况也会使孩子的注意力变得分散,那就是当孩子原本已经在专心做一件事了,可家长却"及时"发现了一些需要催促的事情,于是"忍不住"又催促了孩子,孩子原有的做事思路一下子被打断了。

小小正在练琴,练得非常认真,妈妈看看时间,要出门坐公交车上补习班了,她正想张口催促女儿时,被爸爸阻止了。爸爸把妈妈拉进房间,说:"嘘……女儿正练到兴头上,别去打扰她,补习班一会儿让她打车去。"妈妈点点头。

20分钟后,小小抬头看时间,才发现自己晚了,她着急地对妈妈说:"怎么办,我忘记时间了,本来我动作就慢,这下子肯定要迟到很久了……"

"没关系,打车去!"妈妈掏出钱塞给小小。

小小的"难题"解决了,开心地背着书包去了。

当孩子正在专心致志做一件事的时候,家长最好不要去中途打断,这样有助于孩子注意力的培养。所以,就让他专心做完他手头的事情,然后再提醒他还有什么事情着急要做,并帮他想想对策,不要轻易打断孩子。

催促孩子"快点说"会破坏亲子关系

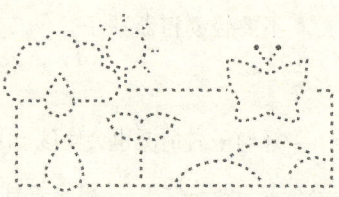

孩子欲言又止的时候,你的反应会是怎样?会说"没关系,有什么事就说吧",还是会催促"什么事啊,快点说"。如果是前者,那么你是一个明智的家长;但是也有许多人会不假思索地说出后面的话来,它会令孩子本来想说也变得缄口不言,如果沟通不充分,甚至会破坏亲子关系。

周末,妈妈没有像平时那么忙,琪琪凑到妈妈身边说:"妈妈,那个……"

妈妈的单位正逢人事调动,她正在静静思考对自己的影响,被孩子打断后便看着孩子,等着他往下说。可是琪琪却犹犹豫豫,磨磨蹭蹭,好似为难地说:"那个,我想……"妈妈看他支支吾吾的样子,着急了,催促道:"要说什么快说啊!"可能是妈妈的语气有点冲,琪琪呆了一下,说:"没什么,没什么,我去玩了!"

孩子走后,妈妈没有当一回事,继续思考自己工作上的事。

PART 2
轻松搞定小磨蹭的招数

一周以后,妈妈接到老师的电话,说琪琪在班级里偷东西,这可是很严重的事情,妈妈赶紧请假往学校赶。事情原来是这样的:琪琪拿了同班同学的一个变形金刚玩,忘了还回去,对方误以为他偷东西。

回到家后,妈妈对琪琪说:"你那么喜欢玩变形金刚,你可以告诉妈妈,妈妈也可以帮你买一个的,为什么不告诉我呢?"

琪琪哭着说:"上周我想跟你说买玩具的事,可是我想,说了你也不会答应的,所以就没说……"然后就跑回自己的房里,好长时间都没有出来。

妈妈想起上周琪琪欲言又止的模样,看来是自己的语气让琪琪有所误会了,其实自己当时并不一定会拒绝孩子的要求,但是孩子很敏感,自己的一句"要说什么快说啊"反而令他不愿意说出自己的内心想法,导致谈话无法进行。

当孩子磨磨蹭蹭,犹犹豫豫,想对你说些什么的时候,千万不要催促他,也不要显得不耐烦,否则孩子和家长之间就无法沟通、交流,以致产生隔阂。

❤ 用温和的态度对待孩子

当孩子欲言又止的时候,可能是他觉得自己的话说出来将会遭

到家长的拒绝或者责备,但是自己内心的愿望又非常强烈,家长要鼓励孩子把自己的话说出来,不管是否同意孩子的要求,都要自始至终用温和的态度对待孩子。

第一,父母要控制情绪,平衡心态。不管孩子提出什么要求,千万不要失去控制对孩子大吼大叫,应冷静地分析一下孩子的意见是否正确。假如是正确的,就要给予支持;假如是错误的,父母应在商讨的气氛中用温和的态度给孩子仔细分析问题,要倾听孩子的意见,不然会导致孩子形成有话却不敢说的不良性格。

第二,不要让自己的坏情绪波及孩子。父母还应注意自己在日常生活中的情绪对孩子的影响,如同上面故事中的琪琪妈妈,由于正在思考工作上的事情,语气难免会严肃、急躁,但要记住,孩子是很敏感的,不要让自己的坏情绪波及孩子。

引导孩子说出想说的话

有的时候,尽管父母的态度不错,但是孩子仍然磨磨蹭蹭,不能畅快地说出自己的内心所想,这时候父母就要使用一些小技巧,引导孩子说出想说的话。

第一,挑选时间。吃过饭的时候是个不错的谈话时间,那时候父

母一天的工作已经结束,孩子的心情也比较轻松,家长可以和孩子好好交流。也可以选择在睡觉前跟孩子聊,不过时间最好不要太长,否则会影响孩子的睡眠。

第二,针对孩子的性格来谈话。一般来说,男孩子宽厚、直爽,心里有话相对容易坦诚地讲出来;女孩子爱面子、害羞、心思细腻,想得比较多,心里话一般不轻易对别人讲。所以,当男孩子比较扭捏、磨磨蹭蹭、欲言又止的时候,家长可以直截了当地说"男子汉可不是这样的,说吧,我听着";对待女孩子,家长则可以亲切地蹲下,根据情况和孩子好好沟通。

做个有修养的听众

父母要做个有修养的听众,要肯花时间、有耐性,用心走进孩子的世界。孩子欲言又止的时候,特别需要家长表现出愿意倾听的态度,这是一种鼓励,一种默许,孩子在这样的情况下,更容易对家长说出自己的内心需要。仔细倾听孩子的诉说并回答孩子的问题还可以加深亲子关系,加强孩子的信赖感和安全感,家长要表现出最真挚的情感,用专注的态度和孩子谈话。

让孩子倍感委屈的催促声

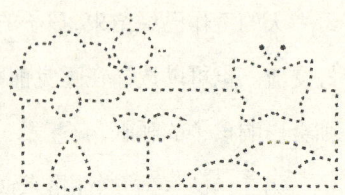

当孩子磨磨蹭蹭的时候,家长不知不觉就会越来越着急,有时候甚至发起脾气来,"你怎么还这么慢"这样的催促也会脱口而出。殊不知,这样的指责会让孩子倍感委屈——我已经很努力了,为什么还要骂我呢?

这是絮絮入学以来的第一个暑假,妈妈准备带絮絮去老家,一是给孩子换换环境,二是让孩子锻炼锻炼。

母女俩订的是中午12点的火车票,早晨起来,妈妈就开始收拾东西,衣物早已打包好,妈妈收拾着洗漱用具、电脑等东西,嘱咐絮絮把自己的书包也归置好,不要忘了任何东西。

15分钟后,妈妈收拾妥当,她看了一眼絮絮,她正在把书一本一本地放进书包,有的书放进去了又被拿出来,有的书则反反复复地拿进拿出好几遍,妈妈忍不住说:"你能不能快一点啊?我们除了要收拾好东西,还要去趟银行,去趟超市呢!"絮絮抬眼看了看妈妈,咬了

咬嘴唇说:"知道了。"

又过了15分钟,妈妈再去看絮絮,她的书包已经收拾好了,可是她又对着2个水壶左看右看,看见妈妈进来了,就问:"妈妈,选哪个好呢?"

"哪个不都一样吗,都什么时候了,你还磨蹭!"妈妈生气了,抓过一个水壶放好,领着絮絮出门。

一路上,絮絮和妈妈一句话都没有说,她的心里很委屈,她收拾得慢是因为她想仔细一点,不要忘了什么,到时候回来取是不可能的,水壶也是一样,她想选一个好看又能多装水的……看着妈妈的样子,絮絮差点哭出来。

从这个故事中可以看出,家长的一句"你能不能快点"的催促,话虽短,但仍然会让孩子感觉不安,甚至委屈,无益于亲子关系的发展。

降低自己的期望值

家长嫌自己的孩子磨蹭,是因为期望孩子动作迅速,可是动作迅速的标准不是唯一的,多快才算是快呢?家长应该适当降低自己的期望值,只要孩子有进步,就应该平衡心态,不要动不动就拿孩子与其他人相比较,严厉训斥他"怎么那么慢"。

将训斥与关爱分开

在训斥了孩子之后,家长要快速调整自己的情绪,对孩子进行关爱,不要让孩子觉得自己受到冷落,认为"爸爸妈妈不爱我了"。

小雨病了,刚开始只是流鼻涕,可没过两天又开始咳嗽了,弄得爸爸妈妈手忙脚乱。为了让女儿快点好起来,爸爸妈妈决定这一天不送小雨去幼儿园,让她在家养病。谁知道这一天小雨把妈妈累得够呛,不时听到妈妈这样说:"小雨啊,你快点吃饭好不好?""小雨啊,怎么还不去睡午觉呢?磨蹭什么呢?""给你的酸奶怎么还没吃完?"……终于,傍晚的时候,妈妈实在是受不了了,当小雨为了看电视而磨磨蹭蹭不来吃晚饭的时候,妈妈生气地说:"你怎么回事!就不能快点来吃饭吗?不吃就不吃,电视也别看了!"然后气呼呼地坐在椅子上生气。小雨被妈妈吓了一跳,眼泪一下子就出来了,可是她又不敢哭出声音来,怕又惹恼妈妈。

这时候,爸爸回来了,一回来他就感觉到气氛不对劲,问了问情况,明白是小雨不听话,被妻子训斥了。爸爸领着小雨进屋,小雨"哇"的一声就大哭起来,然后边哭边问爸爸:"爸爸,妈妈……妈妈是不是……不爱我了?"

爸爸一愣,然后摸着小雨的头说:"怎么会,妈妈是着急了!我们都爱你,和以前一样爱你!"

安抚了女儿之后,爸爸走向妻子,跟她说女儿担心妈妈是不是不爱自己了,妻子也是一愣,叹了口气,说:"唉,我也不对,别说是孩子病了,就是平时,也不应该这么生孩子的气……"

爸爸笑了笑,两个女人的"战争"算是结束了。

孩子的心灵敏感而脆弱,如果家长训斥孩子之后,没有及时安抚孩子,那么孩子就会觉得被冷落、被忽视,认为因为自己犯错了,所以父母对自己的爱也减少了。其实大多数父母是爱之深、责之切,绝对不会因此减少对孩子的爱,所以,将生气与关爱分开吧,要让孩子感受到即便是家长发怒了,但依然是爱他们的。

NO.2 尊重孩子做事的节奏

让孩子按照自己的方式来处理问题

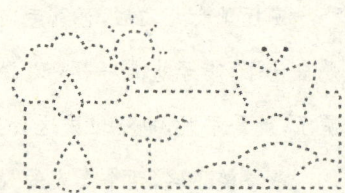

无论是学习、打扫屋子还是其他事情,孩子都有他自己的想法和做事的方式,他的方式可能会花费多一些时间,但可以获得自我的成长和锻炼,可是有很多家长只会斥责孩子,甚至代办。为什么不尊重孩子的做事节奏,不能让孩子按照他自己的方式来处理问题呢?

小德和爸爸妈妈一起在植树节这一天去山坡上植树。小德的爸爸负责挖坑,妈妈负责填土,小德则负责给刚种上的树苗浇水。

浇水可是力气活,刚种上的小树苗要浇透才能成活。小德带了自己美术课上用的小水桶,一桶一桶地从蓄水池边取水,刚拎了2桶水,爸爸妈妈就发现小德开始"磨蹭"起来了,本来5分钟就能跑一趟,后来变成10分钟、15分钟……一开始,爸爸妈妈以为小德累了,所以速度慢了下来,谁知后来半个小时也没见小德拎来一桶水,爸爸

妈妈觉得奇怪,便去蓄水池旁边找小德。

"小德,你在干吗?"爸爸妈妈发现小德不在拎水,而是在树丛里走来走去,便开口问道:"你别以为磨磨蹭蹭的,我们就会来帮你浇水!我们挖坑和填土也累着呢!"

"我不是这样想的……"小德小声说。

"不是这样想的,但是这样做的啊!你磨磨蹭蹭的,知道种下的小树苗不立即浇水会死吗?"爸爸严厉地说。

小德的眼泪在眼眶里打转,妈妈看看小德,安抚道:"你是不是等着我们来帮你?"

小德摇摇头说:"不是的,不是的!"

"那为什么你半天也不拎水来?"妈妈接着问。

小德擦擦眼泪,说:"我想找水管,一桶一桶地拎太慢了,我的桶又小,我怕小树苗渴死了……有了水管,直接拿水管浇水就可以了!这里种树的人很多,我想是不是会有人把水管遗留在这边,所以找找看!"

听完小德的话,爸爸妈妈都觉得错怪了小德。

孩子有自己做事情的方式方法,有时候可能磨蹭了一些,但是放手让孩子按照自己的想法去做吧,这样对他们也是一种很好的锻炼,他们长大后才能学会如何独立地处理问题。

❤ 别以对自己的标准来对待孩子

家长在对孩子说"别磨蹭,快点儿"的时候,其实内心是很着急的,也许这点小事情家长5分钟内就能干完,但是以孩子的能力就得20分钟,况且如果出现上面故事中的小德的情况,那么磨蹭的时间就更长了。这时候,家长别以对自己的标准来对待孩子,一是孩子还没有达到生理成熟,不可能拥有成人一样的做事速度;二是只有放手让孩子按照自己的节奏来做事,才能锻炼他们各方面的能力。所以,家长要做的就是停止催促和责骂,认同并且尊重孩子的做事节奏。

❤ 尊重孩子的想法

孩子懂事以后,便开始思考这个世界,思考他所遇到的每一件事,并逐渐产生自己的想法和观点。孩子和父母的世界确实不同,但在孩子成长的过程中,一直在向父母靠近。他们对大人世界的事情发表意见和想法,说明他们有了独立的思考意识,这是非常可贵的,磨蹭一点又何妨?父母应该赏识和尊重孩子的想法,理解孩子的心情,倾听孩子的诉说,尽可能地让孩子按照自己的想法来做事。

PART 2
轻松搞定小磨蹭的招数

不要轻易否定孩子

孩子磨磨蹭蹭的时候,可能正是有了自己的想法,无论孩子的想法是对是错,是否可行,家长都不要轻易地否定孩子。

在美国马萨诸塞州的一个果园里,曾有过这样一个"异想天开"的男孩——罗伯特·戈达德。一天,戈达德在家人的要求下,给樱桃树修剪枯枝,可是他磨磨蹭蹭半天也没有修剪好。母亲去看看他干得怎么样了,谁知他正爬在一棵高高的樱桃树上,眺望四周的田野,便问:"戈达德,你在干什么?"

"妈妈,咱们家的樱桃要卖到镇子上,可是每年也卖不出个好价钱,你说,这是不是因为这里的人都种樱桃,不稀罕了。要是咱们能把樱桃卖给外星人——外星人肯定没吃过樱桃,那是不是就能卖个大价钱了呢?"

戈达德自言自语,没等妈妈回答,他的思想又开始驰骋了:他自己穿着盔甲坐在一架机器上,机器在果园的草地上飞速地旋转,急速上升,转眼间飞向太空,飞向远方一个不知名的星球,把樱桃卖给各种各样的外星人……

戈达德的想法在当时一般人看来简直就是天方夜谭,《纽约时

报》的记者嘲笑他不懂基本的物理常识，整天幻想着去外星球旅行，并且称戈达德为"月亮人"。当戈达德因为别人的嘲笑暗自伤心时，他的母亲却并没有否定他，只是告诉他，要实现这一理想，需要学习很多知识。

从此以后，戈达德开始努力学习，长大后发明了"液体火箭"，开创了航天飞行和人类飞向其他行星的时代。

孩子磨磨蹭蹭必定有他们的原因，家长不要动辄训斥、指责、否定孩子，要给孩子机会说出自己的所思所想，尊重孩子的想法。可以的话，让孩子按照自己的想法来做事，这样他们虽然磨蹭一点，但会得到更多。

PART 2
轻松搞定小磨蹭的招数

忙,只是借口

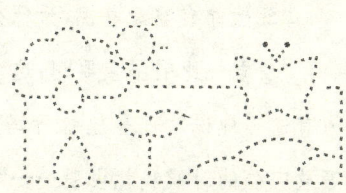

你有没有这样的经历:孩子放学回家,便催促他"别磨蹭,快写作业,写完作业随便你玩";当孩子写完作业,想与你聊聊今天学校里发生的事的时候,你说"我现在很忙,一会儿再说好吗",因为晚饭还没做,衣服还没洗,地板还没擦,有一大堆的家务事还等着你,你忙着呢,哪有时间来听孩子唠叨?所以顺口说出了"我现在很忙"。其实,这句话是让孩子感觉非常矛盾和难以接受的,在孩子看来,按照妈妈所说,自己写完作业之后,就是自由时间了,想和妈妈说说话,为什么不可以呢?于是开始对妈妈心存不满。比如下面的例子:

妈妈对做完作业的孩子说:"去喂喂小猫,好吗?"

孩子顺口回答:"我现在忙着呢,等会儿再说吧!"然后开始看自己的动画片。

妈妈一下子就生气了,让他帮忙喂一下猫而已,居然推辞说"忙",有什么好忙的呢?原来是看电视!

"既然你有空看电视,为什么没空喂猫呢?"妈妈生气地说。

"看电视比喂猫重要啊,这个动画片马上就要结束了!"孩子自以为有道理地说。可是他看看妈妈的脸色很不好,又接着说:"好,好,等放广告的时候我就去喂……"

"这孩子,现在怎么这个样子!"妈妈嘀咕着。这时,爸爸正好走过,听见了妈妈的嘀咕,然后笑着说:"不是跟你一模一样吗?孩子做完作业,要你陪他玩的时候,你就说你很忙,要做这个、做那个,晚一点再说!"

妈妈幡然悔悟——原来是自己给孩子做了坏榜样……苦笑着摇了摇头。

家长确实很忙,白天要上班,晚上还要照顾家、照顾孩子,没有空是可以理解的,可是为了忙家务就忽视和孩子一起玩耍、和孩子一起聊天,就一定是正确的吗?忙,有时候是一种借口,家长明明知道,只关心孩子的学习是不够的,需要更多时间和孩子做心灵的沟通,可是真正做到的有几人?而"忙"则是最好的、冠冕堂皇的理由。

❤ 在说"我很忙"之前,先问一声"什么事"

其实,孩子在想跟爸爸妈妈说话的时候,不一定有什么真正重要

PART 2
轻松搞定小磨蹭的招数

的事情,孩子越小越是这样,他们只是想跟爸爸妈妈说句话,或者让爸爸妈妈陪他们几分钟,只要能够得到爸爸妈妈的回应,他们就能够安心了。对于爸爸妈妈来说,忙起来也许没有工夫听孩子说话,着急地用一句"我很忙"来搪塞孩子,其实,爸爸妈妈完全可以先回应孩子一声"什么事啊",然后再对孩子说"我现在很忙,一会儿再说吧"。孩子看到爸爸妈妈忙碌的样子,自然会明白爸爸妈妈暂时没空,但是他们依然会很安心,不会委屈、不会生气,因为他们已经引起了爸爸妈妈的注意,至少比刚要张口就被爸爸妈妈以"我很忙"为理由拒绝的感觉要好得多,也安心得多。他们从那句"什么事啊"中,能够感受到很多意思:"爸爸妈妈在这儿呢!""不管什么时候,爸爸妈妈都是你的听众!""现在不能和你聊天,对不起啊!"所以,在说"我很忙"之前,先问一下孩子"什么事"吧,短短一句话,会带给孩子完全不同的心情。

♥ "知道了"会非常打击孩子的聊天热情

当爸爸妈妈非常忙碌,而孩子又喋喋不休的时候,家长通常会用"知道了"来阻止孩子继续往下说,很多时候能够达到目的,但同时孩子聊天的热情也被浇灭了,并且心情会变得十分沮丧——自己认为那么好玩的事情,在爸爸妈妈看来是那么索然无味。这一句"知道

了"不但没有顾及孩子的感受，还打断了孩子说话的节奏，孩子认认真真、绞尽脑汁地编织着自以为非常有趣的事情，却只换来家长的一句冰冷的"知道了"。

有的家长看到孩子磨磨蹭蹭怎么也说不清楚，实在不耐烦了，就大声训斥孩子："根本不知道你要说什么，别啰唆了，说重点！"要知道，就算是大人，要用两三句话就把事情的主要内容概括清楚也是不容易的，何况是孩子呢！家长也明白这个道理，所以会说"算了，你别说了，我知道了"这样来打断孩子的话，虽然孩子的话还没说完。这样做的反作用很大，逐渐的，孩子会不愿意和父母多沟通、多聊天，当家长注意到孩子越来越沉默的时候，再开始主动问孩子"今天学校有什么好玩的事情吗"，孩子也不会多理会，由此陷入沟通的僵局。要知道，这种僵局的产生，完全是因为最初的那句"知道了"。

PART 2
轻松搞定小磨蹭的招数

耐心，耐心，再耐心

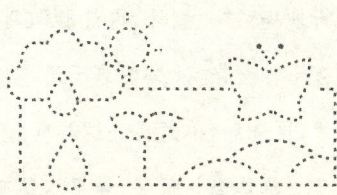

很多家长都有这样的体验：同一件事情，对孩子说了无数遍，可是孩子好像永远记不住，家长必须时时重复，时时叮嘱，有时候难免失去耐心，斥责孩子"说了这么多遍，怎么还记不住"。其实，在孩子的世界里，他们并没有这样的感觉。

翠翠早晨起来以后非常磨蹭，通常要一两个小时才能洗漱完毕、吃完早饭去上学，原因在于她做事没有章法，比如她经常在洗脸的时候发现还没刷牙，于是只能在刷完牙以后再次洗脸——因为刷牙总有泡沫粘在脸上，不重新洗脸是不行的。诸如这样的事情很多，妈妈为了改善翠翠磨蹭的坏习惯，就帮翠翠编了一个小口诀：先穿衣再刷牙，洗脸完毕就梳头，吃好早饭换好鞋，高高兴兴上学校。让翠翠按照口诀，一件一件做事。

妈妈的想法很好，可是翠翠念了好多天口诀，速度还是没有加快，因为她经常把口诀念颠倒！妈妈没有办法，只能跟以前一样，不

断地提醒"先刷牙,再洗脸",可是翠翠似乎永远记不住,总是想到什么干什么,这次妈妈终于忍不住发火了:"我跟你说了一千遍了,先刷牙,再洗脸,你怎么还这样呢?口诀没背吗?"

翠翠委屈极了,她根本没有感觉妈妈说了一千遍那么多,而且妈妈还那么凶,自己真的做了什么不对的事情吗?

如果家中有一个这样的孩子怎么办呢?家长必须要做到耐心,耐心,再耐心,孩子的成长是有节奏的,这时候记不住,也许下一次就会记住了。

陪伴孩子成长需要家长的耐心,有些家长一开始对教育孩子倾注满腔热情,而一旦孩子没能按照我们理想的轨迹发展,家长就会气急败坏地失去教育的耐心,从百分百的投入到"零期望"的不理不睬。下面一位河南私立学校的校长给我们上了一堂耐心教育课:

他是一个让很多老师都头疼的孩子。初中毕业后,连一所高中也没考上。家人凑钱把他送到了一所私立学校,希望校长能够帮孩子一把。

校长通过各种渠道了解到这个孩子酷爱长跑,于是每天清晨,校长就出现在校园的跑道上。他见到了这个孩子,还叫出了他的名字。孩子很是惊讶,从小到大,除了接受别人冷漠的目光,他还从来没有

PART 2
轻松搞定小磨蹭的招数

被哪个人——尤其是这个看起来像老师模样的人关注过。他的心里涌起了一种很微妙的感动。

一个又一个星期过去了。一次跑步的时候,校长装作很不经意地说:"我想给你提个小小的建议,如果一个月后你做到了,我就满足你一个愿望!从今天开始,你能不能坚持坐在教室里?当然,只要不影响别人上课,你在教室里干什么都行。"

孩子很爽快地答应了。接下来的一个星期里,孩子真的都坐在了教室里。不过,他基本上也没怎么听课。

第二个星期,校长说:"从今天开始,你是不是开始写点儿东西了?"孩子就找些自己喜欢的东西抄。

第三个星期,校长说:"你可以找自己喜欢的学科听一听,顺便记一下笔记,好吗?"孩子照着做了。

到第四个星期的时候,校长说:"从今天开始,你试着去听听你不喜欢的课吧,其实有些东西也很有意思的。"

不知不觉中,孩子在一天天地变化着。唯一不变的,是他们每天早上的长跑。

终于到了满足孩子愿望的时候了。孩子此时已经知道,每天陪自己跑步的是校长。而且,他们一起跑步的情景让班里的同学很是羡慕。孩子就说想和校长照张相。校长说:"这好办,不过我希望与

你的第二张合影,是你考上大学的时候!"

三年过去了,出乎很多人意料的是,这个孩子竟然以优异的成绩考上了某重点大学体育系!

这是一个真实的故事,它发生在河南郑州一所私立学校。世上没有不可爱的孩子,只有不耐心的父母。如果孩子能每天进步一点点,再长的路,一步步也能走完。耐心,是教育的根本,拥有耐心,就等于成功了一大半。

通过下面的方法,你的耐心指数会大大增加!

♥ 在心中默数 10 个数

当家长感到自己正在变得沮丧或恼火时,停下来,慢慢地数到 10 (你可以在心里默念)。大多数情况下,当你数完这 10 个数,那种想要发飙的冲动已经消失不见了。当然你也可以大声地数出声来,这个时候你的孩子会很快意识到这是开溜的好时机。

♥ 假装有人在旁观

当你的耐心丧失殆尽、想要发怒的时候,请你假装有人在旁观,因为在别人时刻关注着你的一举一动的情况下,你对孩子反应过激的可能性就大大减小了。

♥ 尝试一下角色替换

每当你发现怒火在心中开始燃烧时,心里只要想:"如果换作我母亲的话,她会怎么处理这件事情?"用这种角色替换的方式,你的反应能够变得更积极一些。当然,你可以选择任何一个适合的角色,而不一定是你的母亲。

♥ 思考:这样做有什么好处

当你想对孩子说些什么的时候,问问自己:"这样做能够帮助我的孩子吗?"这个方法能帮助你重新考虑事情的重点是什么,大喊大叫或者大发脾气能有什么用处呢?

❤ 给自己冷静的机会

通常情况下,你最好是走开几分钟,暂时不考虑这件事情,只需要5～10分钟,让自己冷静一下,想一下自己要怎么说和怎么做来更好地面对问题,最后像一个修道士一样冷静。

❤ 告诉自己,孩子毕竟是孩子

你必须意识到你的孩子还只是孩子——他们不可能是完美的,他们对很多事情是不了解的,因此值得他们学的东西有很多很多,而你就是他们的老师。你一定得有耐心来教导他们——即使已经尝试了10次,但也可能第11次就能让他们开窍也说不定。

PART 2
轻松搞定小磨蹭的招数

别用过头话刺激孩子

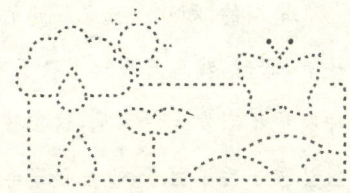

家长有时候不自觉地就会使用过头话刺激到孩子,比如"你怎么干什么都这么磨蹭呢""你能像人家孩子那么有效率多好",说这些话的目的,无非是想要让孩子有所改变,可是孩子听到这样的话后,不但不会有所领悟,还极有可能自暴自弃。

有一位教育家在他的报告中讲过这样一件事:

我有一个邻居,他家的小孩刚上初中,成绩不太好,做事磨磨蹭蹭,却非常好面子。

偶尔,我们家长之间也会因为大家的孩子都在一个学校而相互说说教育孩子的烦恼。这位孩子的母亲经常当着我们的面数落她孩子的不是。比如她总是会当着大家面说孩子学习时很磨蹭,经常要学习到半夜;考试答题时也很慢,好几次都是因为来不及答题而丢了很多分数。这位母亲还总是说别人家的孩子懂事听话、成绩好,不让家长操心,她的孩子怎么就没有优点。

渐渐的，和这个孩子一起的几个朋友、同学都知道了他爱磨蹭的缺点，同时，我也发现这个孩子变得越来越孤僻、畏缩，男孩与妈妈的冲突也不断发生。可见，这位孩子妈妈的"严厉管教"与不断刺激，不仅让孩子丢了面子，也把孩子弄得自暴自弃了。

生活中，每个孩子难免会表现出一些小毛病，比如磨蹭，这些小问题虽不严重，却常常把父母折腾得够呛。而父母在面对这些问题时，往往会到处诉苦，把自己孩子的缺点到处宣扬，甚至不给孩子留一点面子。家长这样做也许反映出些许"恨铁不成钢"之意，最初对孩子可能会有些作用，可是当孩子听了太多这样的过头话之后，他就会形成"反正我只能这样"的认知，导致自暴自弃，这种结果一定不是家长所乐见的。所以在平时生活中，不要总用过头话去刺激孩子，要多从正面鼓励孩子。

❤ 否定的语言，是孩子成长过程中的负能量

父母的语言，是孩子成长的营养元素，爱的语言多了，会结出"爱"的果子；恶的语言多了，会结出"恶"的果子。肯定的语言，是孩子成长过程中的正能量；否定的语言，是孩子成长过程中的负能量。

PART 2
轻松搞定小磨蹭的招数

陶行知在育才学校当校长时,曾发生过这样一件事:一天,他在校园里看到男生王友用泥块砸本班的男生,陶行知当即喝止了他,并让他放学后到校长室去。

放学后,王友早早地就站在校长室门口准备接受处罚。陶行知走过来,一见面却掏出一块糖果送给王友,并说:"这是奖给你的,由于你按时来到这,而我却迟到了。"

王友惊愕地接过校长手中的糖果。接着,陶行知又掏出了一块糖果放到王友的手中说道:"这第二块糖果也是奖给你的,因为当我阻止你不让你再打人的时候,你当即就停手了,这说明你很尊重我,我应该奖励你。"

王友更加惊愕了,他眼睛睁得大大的,不知道校长在想什么。

陶行知又掏出第三块糖果放到王友的手里:"我调查过了,你用泥块砸那些男生,是因为他们不守游戏规则,欺负女生;你砸他们,证明你很正直善良,且有跟坏人作斗争的勇气,应该奖励你啊!"

王友感动极了,他流着泪后悔地喊道:"陶……陶校长,你打我两下吧!我砸的不是坏人,而是自己的同学啊……"

陶行知满意地笑了,他随即掏出第四块糖果递给王友,说:"因为你能正确地认识错误,我再奖励给你一块糖果,只可惜我只有这一块糖果了。我的糖果没有了,我看我们的谈话也该结束了吧!"

多么高明的校长！他用以奖代罚的方法触动了孩子的心灵。"亲其师,善其道。"当一个孩子被宽阔的胸怀所包容时,他内心产生的是深深的感激与强烈的震撼,那将会使他终生难忘。在这种情况下,不必"批评",不必"指责",孩子自己就已心悦诚服地知错了。

别擅闯"家庭红灯"

家庭教育是靠家庭语言来完成的,尤其对于成长中的孩子而言,家长的每一句话都应该准确且具有影响力和渗透力。然而,一些儿童教育专家研究的结果表明,当今许多父母对孩子使用的却是不良语言,最多的不良语言有三种:限制、挑剔、否定。这些语言被称为"家庭红灯"。

第一,限制词。"应该""必须"是父母经常用的词语,这是表达主观愿望、主观想象的词。父母强调的仅是自己的主观愿望,完全忽视了孩子的客观存在,用一种强硬的态度让孩子进入某种规定的位置,并按父母的设计"修剪"孩子。其结果是孩子往往陷入不知所措之中,极大地影响了孩子思维的发展。

第二,挑剔词。在中国的家庭教育中,挑剔词比激励词的使用量多好几倍。很多父母几乎是不停地去发现孩子身上的缺点,并及时

拉出来进行施教,以为只有把孩子的缺点说出来才能使孩子获得帮助与改变。

基于这样一种教育思想,中国父母对孩子在使用各种挑剔的语言时毫不犹豫,从不心软。其中最常用的有"太笨""太差劲"等,这些消极的词,完全是一种负面信息,强化了孩子的弱点,最终会让孩子以否定的态度对待自己,对自己失去信心。

第三,否定词。孩子们在家每天所听到的、父母常讲的词语中,由"不"组成的否定词为最多:"不许""不能""不要""不可以""不聪明""不行"……有一个孩子在一篇题为《不许妈妈》的作文中,写了妈妈讲的许多"不许"的语言:"不许淘气""不许晚回来""不许去同学家""不许看电视""不许乱花钱"……

这种家庭教育是由一连串的"不许"组成的,父母像警察似的,他们的任务是不断向孩子亮起红灯。但是,准许干什么,父母又没说。于是孩子只会不断地犯错误,不断地受指责。

多从正面鼓励孩子

心理学研究表明,如果孩子总是被责备,他就会失去耐心;而如果他常常被夸奖,那么,他就会爱你、爱我、爱整个世界,并对未来充

满美好的憧憬。所以,家长要相信孩子能行,多从正面鼓励孩子。

第一,赞美要真挚。当孩子办好一件事就给予真挚的赞美,比其他任何方式都更能激励他热爱生活与获取成就。积极性对孩子能力的培养起着不可替代的作用,它不可由外界强行注入,而是从孩子的内心迸发而出。家长要给予孩子表扬,表达中要充满欣喜与真挚的赞赏,言辞中要传达对孩子努力的承认、尊重与理解,孩子能从这些信息与赞赏中受益匪浅。

第二,真实、具体的肯定最有效。表扬和夸奖是孩子的维生素,父母要掌握表扬的艺术。表扬不仅要适度、要及时,还要特别强调孩子令人满意的具体行为,表扬得越具体,孩子就越清楚哪些是好的行为。表扬其实包含两个部分:一是父母说的话语,二是孩子据此做出的推断。表扬越具体,孩子越能够根据父母的话对自己做出实事求是的评价。

当孩子做好一件事或掌握了一项技能的时候,不要总是简单地说"做得不错",要指出他们成功的具体细节。比如:"你今天穿衣服的速度比昨天快了3分钟,真让妈妈高兴。"具体的表扬会让孩子产生更大的满足。当然,也要注意不要表扬过度或盲目表扬。

德国著名教育家卡尔·威特教育孩子的方法值得我们学习。

在威特的独特的潜能教育培养下,他的儿子小威特学业进步惊

人，在不到8岁时他就已经通晓希腊语、意大利语和法语等多门语言，而且年仅9岁就成了大学生，16岁获得海德堡大学法学博士学位。

威特表扬儿子很注意方法，为了鼓励孩子学习，当小威特看完或者译完一本书时，父子俩如释重负，一起喊着作者的名字，如"荷马万岁"，或者"维吉尔万岁"等，这时孩子的妈妈也进来道贺："恭喜恭喜。"接着就上街买回来许多东西，做小威特爱吃的菜，请来两三个关系密切的亲友开晚会。开席之前父亲会首先说，这本书非常难，但是小威特以顽强的意志攻了下来，取得了很大的进步。然后又宣布孩子要攻读的下一本书的名字。然后人们就向他祝贺："恭喜恭喜。"

这是一种针对孩子的进步来表扬孩子的方法，更有针对性，也更有效。孩子不喜欢听"你真是个好女儿""你做得棒极了""真聪明"等诸如此类的话，如果长时间听到这类笼统的表扬，就会让孩子麻木，失去了表扬本身给孩子带来的兴奋感。父母对孩子的表扬应该是具体的，就事论事的，这样才是有针对性的，孩子也会产生由衷的成就感。

轻松搞定世界上"最磨蹭"的小孩

从"小淑女"到"小磨蹭"

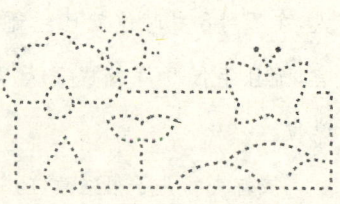

如果你有一个女儿,那么你希望她是个文静的小淑女吗?大多数家长都普遍认同女孩文静一点好,因为女孩子风风火火总是没个"女孩样儿"。可是,什么样才是一个有"女孩样儿"的小淑女呢?孩子不一定了解,家长也不一定明白,这就非常容易走进误区,不光破坏了孩子说话做事的自然节奏,说不定小淑女没做成,反而变成了小磨蹭!

辛辛是妈妈的第二个孩子,她有一个哥哥。妈妈很希望辛辛成为一个小淑女,给她买了很多的洋娃娃、绘本,可是辛辛偏偏喜欢哥哥的奥特曼、怪兽,做事风格也跟男孩子似的,风风火火,马虎了事。比如刷牙洗脸吧,她可以在一分钟之内"搞定",即使嘴角还留着牙膏沫,却已经开始大口大口吃早饭了。

妈妈觉得,男孩子这样尚可,女孩子这样就太不淑女了。于是开始教育辛辛:"做什么事情都要慢一点,别火急火燎的。"辛辛很听话,

开始放慢自己说话做事的速度。最初,妈妈很高兴,自己的女儿终于变成一个小淑女了。可是没过多久,妈妈发现女儿的速度变得越来越慢,还是以刷牙、洗脸为例,可以在卫生间磨蹭半个小时,问她在干什么,她说:"你不是说女孩子做事情要慢慢的,有个女孩样儿嘛!我只是想梳个漂亮的发型,所以耽搁了一点时间!"妈妈听了辛辛的话以后一时语塞,她觉得好像哪里不对,但是又不知道问题出在哪里。

问题出在哪里?出在标准的不同。家长和孩子都知道,淑女不能火急火燎,可是该慢到什么程度呢?辛辛把小淑女的标准理解成越慢越好,所以变成了一个小磨蹭。家长如何能不犯这个错误?请看以下内容:

女孩子"不淑女"不一定不好

由于受传统的教育观念影响,很多人喜欢文静和乖巧的孩子,尤其是女孩在人们的心目中更应该是这样的,因此孩子在家长和旁人的夸奖下就把这个文静乖巧的个性特征固定下来,形成了孩子个性的一部分。正因为孩子文静乖巧,家长很省心,也就不会更多地去考虑如何引导孩子学会克服困难,体验成功的喜悦和建立自信心,同时也忽略了孩子的心理感受。实际上孩子文静乖巧的背后是退缩和胆

小,是对自己的不自信,这样不利于孩子的人际交往,不利于孩子个性的形成与发展。因此,家长要保护孩子的个性发展。

明白淑女的真正标准

什么样的女孩才是真正的淑女?诗经中"窈窕淑女,君子好逑"这一脍炙人口的名句,说明淑女一直是最美好、最值得效仿的女性形象。而关于什么是淑女的基本标准,则一直没有一个可以对照的定论。常州有一所"淑女学堂",里面的朱老师这样认为:"古人印象中的淑女是端庄贤惠、温文尔雅、内外兼修、举止娴雅的女子,反映出的是静中有动,是在封建社会教育下温和、善良、美丽的女子。而如今的淑女在新文化、新时代的背景下,不仅仅要会打扮自己,还要懂得内在修养的重要性,有独立的人格,有气度,有较好的心理素质,有良好的形象和品德。"可见,淑女更注重的是内在人格的魅力。故事中的辛辛妈妈希望孩子淑女一点,不过是希望孩子拥有沉稳的做事态度,不要毛毛躁躁,马虎了事,万事要考虑周全,可不仅仅是做事情慢一点。因此,家长要想培养出一个小淑女,一定要先透彻理解淑女的真正标准,才能更好地去培养女孩。

PART 2
轻松搞定小磨蹭的招数

❤ 平时示范最重要

故事中的辛辛妈妈想要培养一个小淑女,可是女儿不理解"慢一点"的标准,导致形成了磨蹭的坏习惯。如何让孩子明白,什么样的行为才是既淑女又不磨蹭呢?家长平日里的示范很重要。比如洗脸、刷牙、梳头这类小事,家长可以和孩子一起做,让孩子明白不疾不徐的速度应该是怎样,耳濡目染,逐渐养成良好的做事习惯。

让男孩更磨蹭的消极暗示

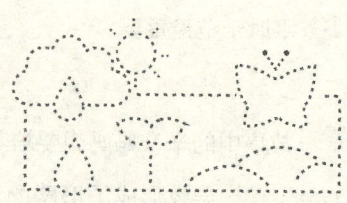

男孩在人们的印象中应该是勇敢、坚强、豪爽,顶起一片天的男子汉,可是男孩并不是天生就具备这些品质,孩子天生是"没经验"和"不自信"的,他们会害怕昆虫,不敢碰毛毛虫;他们会害怕黑暗,不敢独处……而家长这个时候往往就会对孩子说"你可是个男孩子……"殊不知这句话是一种消极暗示,暗示着孩子是没主见、胆小懦弱的爱哭鬼。对于改变孩子的磨蹭习惯,这句话也是会起到负面作用的,它会让孩子的行为变得更拖拉、更磨蹭。

早上,远远和妈妈一起上街买菜,菜场比较远,妈妈带上远远,是为了能够让远远帮自己提一些东西,也好减轻一下自己的负担。

远远知道自己要被拉去"做苦力",很不情愿,可是妈妈的命令已经下达,他也没办法,唯一能做的就是磨蹭几分钟,晚点出门。穿衣服,花了10分钟;穿鞋,花了5分钟;收拾东西,花了10分钟……妈妈看着磨磨蹭蹭的远远,生气地说:"你表妹也没有你磨蹭,还是个男

孩子呢……"远远撇撇嘴,依旧磨磨蹭蹭地整理。

到了菜场,妈妈来了个大采购,手里大包小包拎了不少,她拣了几样轻的东西交给远远。远远噘着小嘴,虽然一声不吭,但看得出他十分不乐意。回家的路才走了一半,远远就休息了3次,而且和妈妈的距离越拉越远。妈妈等着远远磨磨蹭蹭地赶上自己以后,说:"你还不如你表妹呢!上一次她和我一起来买菜,力气都比你大,哪有你休息的次数多,而且和我落的也不远。你要像个男孩子……没用……"远远听到这些话心里很不痛快,走得更慢了……

男孩子一般都有好胜心,远远的妈妈如此这般"羞辱"他,说他"不像个男孩",并且拿表妹——一个女孩来刺激他,相信任何一个男孩听了这样的话都会反感。家长要改变自己的这种做法,不要总用男孩的身份来提醒他,给孩子消极的暗示。

说之前请换位思考

如果换位思考一下,家长可能更能够明白这句话带给孩子的心灵伤害。比如你在公司是一个主管,旁人总用"你可是主管"来要求你,提醒你,你会不会觉得束缚,不愉快,甚至在内心产生巨大的压力?孩子对这些负面情绪的抵抗能力不及成人,他们的心理和思想都不成熟，听多了这种话，很有可能会破罐子破摔，到时候家长要挽回就不容易了。

 多夸奖孩子是个"男子汉"

没有哪个男孩天生就是男子汉，这需要家长后天的培养，多夸奖孩子是不错的手段。

每个孩子打针时都会害怕，贝贝也不例外。可是贝贝的妈妈从来不会对贝贝说"打针不疼"，她会如实地告诉孩子，打针有一点点疼，但是这种疼完全可以忍受，而且必须打针生病才会好。

这天，贝贝去医院打预防针，妈妈看着他不情愿的样子，就告诉他："妈妈也不想给你打针，妈妈也很心疼。但是既然医生说要打针了，我们就要听医生的话，否则病好不了，你就会有好多东西不能吃了。"贝贝非常懂道理，他明白妈妈的话是对的。当贝贝打完针之后，妈妈就竖起大拇指说："贝贝不愧是个男子汉！"

不久，贝贝感冒了，妈妈选择了中医，医生给开了很多中药。在妈妈"男子汉，真棒"的鼓励下，贝贝也能喝完。记得第一次喝中药时，妈妈给贝贝准备了一根棒棒糖，喝一口药舔一口糖。后来妈妈数数，看贝贝将药全部喝完要数到几。第一次数到"12"。第二次喝药

时,妈妈就告诉他:"上次我数到'12'你就喝完了,看这次你喝完妈妈要数到几。"这一次妈妈数到"9"贝贝就喝完了,然后妈妈大大表扬了贝贝一番。就这样,一次一次不断地鼓励,贝贝已经不需要妈妈用任何的游戏语言,也能很自觉地将中药喝完,喝完后只需几句表扬就足够了。

与其数落孩子"你可是个男子汉",不如夸奖孩子"你做得真不错,不愧是个男子汉",家长的夸奖会帮助孩子克服懦弱,增强自信,变成名副其实、顶天立地的男子汉。

❤ 给孩子表现的机会

现在大多数家庭都只有一个孩子,家长都"舍不得"让孩子做事,即使孩子自己要求了,比如"爸爸,我帮你洗车""妈妈,我帮你拎包""奶奶,我帮你去买药"……大人总认为孩子还小,算了,有这份心意就不错了。其实,为什么不给孩子表现的机会呢?尤其是男孩子,他们在得到这个机会之后会有一种自我满足的成就感,男子汉的能力也会得到更多的锻炼。

NO.3 教会孩子合理利用时间

时间分配一定要注意劳逸结合

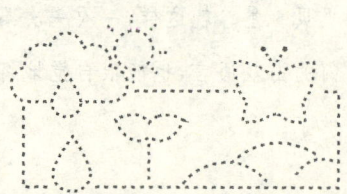

很多家长看到孩子在玩就很不高兴,看到孩子在学习就喜上眉梢,希望孩子学习的时间越长越好,可是事实真的是学习时间越长学习效果就越好吗?把孩子整天关在书房里,他看似坐在书桌前"认真"学习,其实头脑昏昏沉沉,学习拖拖拉拉,学习效果很差,对孩子的身体健康也会带来负面影响。从生理学上来说,合理地安排孩子学习、劳动、课外活动和休息的时间,能调节其大脑各个区域和谐的活动,使孩子的学习效率提高。

勒奈·笛卡儿,17世纪法国著名的数学家、物理学家、哲学家,是西方近代资产阶级哲学的奠基人、近代科学的始祖。他分析了几何学与代数学的优缺点,创立了解析几何学。

笛卡儿小时候智商很高,不仅学的东西很快就掌握了,还能举一

PART 2
轻松搞定小磨蹭的招数

反三,提出更深层次的问题。他出生后不久,母亲就病故了。他的身体也不太好,时常生病。父亲很怜惜他,让他大部分时间休息。然而,小笛卡儿却是一个爱动脑的人,不管走在哪里都表现出若有所思的样子。他家请来的女佣人新来时,还以为他是一个呆子呢。

一天,他和小朋友在一起下棋,坐在那里眼睛盯着棋子,尽管小伙伴催了他几次,他还是呆立不动。正当小伙伴不耐烦时,他却突然说:"对,就这样。"然后跳起来,头也不回地跑到房间,留下小伙伴莫名其妙地愣在那里。不久,他出来了,对小伙伴说:"爸爸一个月前给我留下一道题,我刚才突然想起了它的解法。现在我已经解出来了,接着下棋吧。"

小笛卡儿整天处在思考问题的状态中,加上身体瘦弱,使父亲非常不安。他担心儿子智商太高,太过于成人化,如果思考过度,没有劳逸结合的话会伤害身体的。为了避免孩子接触的知识太多、想的问题太复杂,父亲把他认为不宜过早涉及的书籍全部收藏起来,让孩子以休息为主。在儿子休息的时候,父亲就会抽出时间陪孩子,讲故事、说笑话,千方百计地转移他的注意力。因为,房间里一旦只剩下笛卡儿一个人了,他就会一刻不闲地思考许多复杂的问题。

父亲还"逼迫"小笛卡儿出去玩耍。除了找伙伴陪他下棋外,还把邻家的小伙伴们召集来做游戏,到林子里捉小鸟和蜻蜓,下水里游

泳、爬山等。在布置作业方面，父亲也尽量控制数量和难度。在父亲和保姆的关照下，小笛卡儿的身体状况越来越好；同时，他的智力也丝毫没有受到负面影响，他的爱思考的习惯也一直保持了下来。

正是由于不断地思考，从读书时开始，笛卡儿便对僵化的说教有强烈的怀疑和批判精神，坚定不移地寻找真理。他因为怀疑教会信条受到迫害，常年在国外避难。他的著作生前或被禁止出版或被烧毁，在他死后多年还被列入"禁书目录"。但在今天，在法国首都巴黎安葬民族先贤的圣日耳曼圣心堂中，有一块庄重的大理石墓碑上却镌刻着这样的文字："笛卡儿，欧洲文艺复兴以来，第一个为人类争取并保证理性权利的人。"

在孩子的生活和学习中，劳逸结合才能让孩子有足够的精力去学习，提高学习效率。家长可以做的，是帮助孩子制订一张合理安排学习、劳动和课外活动的作息时间表。

❤ 要考虑孩子的个性特点和实际情况

在制订作息时间表的时候，家长需要注意的是，一定要考虑孩子的个性特点和实际情况，最好是让孩子自己参与制订。下面一个例子应该给我们的父母一些有益的启示：

乔治的妈妈原本替乔治制订了一个她认为是十全十美的作息时间表:早晨6点起床,中午放学回家,吃完午饭后做一小时功课,然后上学;下午回家,先做完功课,再看妈妈替他预录的卡通节目,然后有半小时的自由活动时间,晚饭后可以休息一会儿或到附近公园散步,之后回家再温习功课,然后才上床睡觉。

乔治妈妈满以为有了这样劳逸结合的作息时间表,肯定对乔治有很大的帮助,谁知实行了几天她便发现乔治的功课越做越慢,有时候还打瞌睡;有时在乔治的功课还未完成时,他的好同学布迪便打电话来问他看了某个电视节目没有;每天晚上的散步也似乎令乔治疲惫不堪,根本不能在晚上集中精神学习了。

明智的乔治妈妈及时发现时间表的问题,于是果断地进行改动,午饭后让乔治有点午睡时间,下午看了儿童节目才开始做功课,晚上的散步时间也视孩子的需要而增加或减少。时间表变得更具弹性,乔治的学习兴趣也比从前更浓厚。

脱离了孩子实际情况和个性特点的时间表是起不到好的作用的,因此,家长要根据自己家孩子的情况,制订最适合他们的时间表。

要注意长、短计划相结合

家长在为孩子制订时间表时,要注意长、短计划相结合。长期计划是在一个较长的时间内应达到的目标,长期计划的第一步,是要注重孩子内在的思想和感情,而不只是关心他们表露在外的不满和反抗。短期计划虽然也是每天的具体作息表,却也应当注重"模糊概念",比如不要具体规定几点几分起床、睡觉,几点几分吃饭、看电视、做作业,而应当是在几点之前休息,几点至几点起床,作业必须在看电视之前完成,看电视的时间在多少时间之内,等等。

总之,制订一个有弹性的、适合孩子性格特点的时间表,才会让孩子劳逸结合,更好地学习和生活。

PART 2
轻松搞定小磨蹭的招数

纠正孩子不守时的毛病

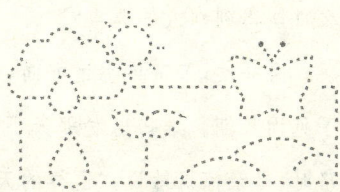

磨蹭的孩子自控能力比较差,时间观念不强,所以做起事情来总是杂乱无章,也常常不守时。然而,守时对于一个人来说非常重要,它不单单表现出一个人对时间的爱惜,更表现出尊重他人、诚实守信的好品行。

宋濂是明朝人,他知识渊博,并且特别守时。

宋濂从小喜爱读书,但是他家里特别穷,上不起学,也没钱买书,只好向人家借。每次借书,他都讲好期限,按时归还,从不违约,因此人们都乐意把书借给他。一次,他借到一本书,越读越爱不释手,便决定把它抄下来。可是还书的期限快到了,他只好连夜抄书。时值隆冬腊月,滴水成冰,他的母亲说:"孩子,都半夜了,这么寒冷,天亮再抄吧,人家又不是等着书看呢!"宋濂说:"不管人家等不等这本书看,到了期限就要还!我已经跟人家说好归还的时间了,不遵守约定就是不尊重人的表现。如果我说话做事不遵守约定,失信于人,怎

么可能得到别人的尊重?"

又一次,宋濂要去远方向一位著名学者请教问题,双方事先约好了见面日期。谁知出发那天下起了鹅毛大雪,宋濂挑起行李准备上路时,母亲惊讶地说:"这样的天气怎么能出远门呢!再说,老师那里早已大雪封山了,你穿一件旧棉袄,也抵御不住深山的严寒啊!"宋濂说:"娘,今天不出发就会误了拜访老师的日子,风雪再大,我都得上路。"

当宋濂到达老师家里时,老师感动地称赞道:"年轻人,守信好学,将来必有出息!"

磨蹭的孩子总是习惯性地认为"晚一两分钟没关系""我这次有特殊情况,晚了就晚了吧",殊不知,这样的坏习惯一旦养成,将来错过的可能不仅仅是时间,也许还有机会,甚至更多……所以,家长要让孩子学会珍惜时间,做一个守时的好孩子。

"我不是故意不守时的,怎么守时啊?"——制订并严格执行生活作息制度

时间有一定的延续性、顺序性和逝而不复性,对于习惯磨蹭的孩子来说,守时是一件有难度的事情。如果孩子不是故意不守时,只是

紧赶慢赶还是来不及,那么就需要家长的帮忙了。家长要帮助孩子制订并严格执行生活作息制度,什么时候起床,什么时候吃早饭,什么时候上学,什么时候做作业,什么时候看动画片……孩子在一个相对稳定的生活秩序中,比较容易掌握时间。此外,当孩子约定的时间快到的时候,家长要提醒孩子,帮助孩子加快速度,慢慢的,孩子就会养成守时的好习惯。

❤ "你们都不守时,我为什么就得守时啊?"——以身作则,为孩子树立榜样

在家庭中,父母是孩子的榜样,通过言传身教影响孩子,孩子就是父母的镜子,什么样的父母就会培养出什么样的孩子。所以,身为父母,应该以身作则,注重时间观念,养成守时惜时的好习惯。比如和孩子约好什么时候接他回家,什么时候去动物园,然后要严格履行。如果做不到,就要诚恳地向孩子道歉以请求孩子的原谅,并采取相应的补救措施;相反,如果孩子不能履行约定,父母也要毫不留情地让孩子体验不守时而造成的后果。

❀ "我愿意学习康德,做一个守时的孩子。"——借助故事中的人物形象树立榜样

在孩子的世界中,故事占据了他们的大部分生活,几乎所有的孩子都爱听故事,因此借助故事来培养孩子的时间观念是一个很自然也很容易奏效的策略。当孩子出现不守时的状况时,可以给他讲讲下面的故事:

康德打算到一个名叫珀芬的小镇去拜访朋友威廉·彼特斯。启程前,他曾写信给彼特斯,约定好3月2日上午11点前在彼特斯的家中见面。

3月1日康德到达珀芬小镇。第二天一早康德便租了一辆马车前往彼特斯家。彼特斯家住在离小镇19公里远的一个农场里。小镇和农场之间有一条河,当马车来到河边时,车夫发现桥坏了。康德下车看了看,河虽不宽,但河水很深且结了薄冰,桥中间已经断裂,不能通过。

康德焦急地问:"附近还有其他的桥吗?"

"有,先生,"车夫回答说,"在上游10公里远的地方还有一座桥。"康德看了一眼怀表,已经10点钟了。

"如果走那座桥,我们什么时候可以到达农场?"

PART 2
轻松搞定小磨蹭的招数

"我想要到12点半。"

"如果我们走前面这座桥,最快在什么时间能到?"

"40分钟之内。"

于是康德跑到河边的一座农舍里,车夫看着疑惑不解。这时康德向农舍主人问道:"请问您的那间小木屋要多少钱才肯出售?"

农夫吃了一惊,心想:"我这破旧的木屋,这么简陋,怎么会有人要呢?"

康德看出农夫的疑惑就说:"您不用疑惑,您愿意还是不愿意呢?"

"给200法郎吧。"

康德付了钱,然后说:"如果您能马上从小木屋上拆下几根长木条,20分钟内把桥修好,我就把木屋送给您。"

农夫把2个儿子叫来,按时完成了任务。

马车就这样快速过了桥,在乡间公路上飞驰着,10点55分的时候康德终于赶到了彼特斯的农场。在门口迎接的彼特斯高兴地说:"亲爱的朋友,您真准时。"

康德笑着说:"这正是我受人欢迎的原因!"

康德是孩子们的好榜样,当孩子不愿意付出一些代价遵守约定时间的时候,家长可以搬出这个故事,对孩子说:"康德可不会这样

哦,他是一个守时的人,所以他才会那么成功,我很希望你能像他一样,做一个守时的孩子呢!"只要是孩子喜欢的角色,诸如此类的话都会对孩子产生效果。久而久之,孩子就会自然而然地守时了。

PART 2
轻松搞定小磨蹭的招数

让孩子有节制地上网

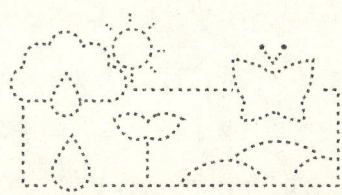

随着网络知识的普及,上网成了时尚。当孩子在网上汲取丰富的精神养料的同时,另一个问题也不容家长忽视,那就是孩子上网易成瘾。每当家长提醒孩子"你已经上网很久了,关掉电脑吧"时,孩子总是磨磨蹭蹭不肯关,似乎网络对他有着巨大的吸引力。

天宇是某校高中一年级的学生,他被网络"缠住"了难以自拔,在自己的博客里,天宇这样写道:

我现在最大的苦恼来自网瘾。由于父亲的工作原因,家里很早就有了电脑,没几天,我就被这个小东西迷住了,每天都要上网玩游戏。玩得太多了,在课堂上虽然面对的是老师,可是在我的眼睛里他们就像身穿盔甲、挥着粉笔战斗的勇士,赶也赶不走。

爸爸妈妈也经常提醒我不要再上网了,我也想不上,可是视线就是无法从电脑上移开。由于网络游戏占用了我很多学习时间,我的成绩直线下降,老师找了家长,妈妈采取的第一个措施就是把"降分

机"(他们给电脑起的外号)搬离我的房间。没有电脑的日子,我只坚持了两个多星期,那个难受劲就不用提了。学校不远处新开的一个网吧不仅救了我的"命",而且给了我进一步提高技艺的机会。"CS""魔兽"之类的游戏,我都一一攻克。最近我还迷上了"跑跑卡丁车"——那色彩、音响,简直棒极了,特刺激,特过瘾!

但我的新动向很快就被爸妈发现了。一天我正在游戏中激烈搏斗,突然妈妈出现在我的旁边。爸爸第一次揍了我,妈妈则边劝边哭,说了许多让我听了很难过的话。其实我也觉得玩游戏不太好,耽误很多时间,而且时间长了眼睛、肌肉都很疼,视力会下降,学习也受影响,还弄得父母如此伤心。当时我就对父母表了决心:"我一定再也不打游戏了!"但是"话好说,事难办",这才过了一个月不到,我的心就像长了草一样,总忍不住要去玩电子游戏,甚至去旁边看看别人玩也过瘾。可又怕一进去就走不出来了,重蹈覆辙,失信于父母。

我大概就是像爸妈说的"玩电子游戏已经上瘾了,中毒了"。我不是不想摆脱游戏,实在是难以自拔啊!

网瘾指的是孩子由于长时间习惯性地沉浸在虚拟世界中,对互联网产生了强烈的依赖,甚至达到了痴迷的程度,因而难以自我解脱的行为状态和心理状态。众所周知,网瘾是很难戒除的,那么如何才能预防孩子上网成瘾,让他们学会有节制地上网呢?

与孩子"约法三章"

如今是网络信息时代,很多学校的课程教学目标要求孩子有阅读信息、处理信息的能力。而上网是他们接受信息的一个捷径,要完全禁止孩子上网,这似乎不妥。家长可以这样和孩子"约法三章":

第一,确定上网时间。法国著名心理学家马克·瓦勒尔认为,每天2个小时是孩子上瘾某种电子游戏的时间上限,家长可以根据这个参考时间来调配孩子上网时间的长短。

第二,确定上网形式。在这一点上,家长可以尊重孩子的意见,如果孩子认为自己还不能完全自律,那么就可以选择当着爸爸妈妈的面在家上网;如果孩子感到自己能够负责自己的事情了,那就可以在任何空余的时间上网,也可以选择在自己的房间或者在网吧上网。

第三,确定上网内容。上网最主要的目的是为了获得什么?网络最主要的功用应该是了解信息、查找资料、拓展学习内容。作为孩子,上网主要应该是为了帮助学习,增加阅读量,扩大知识面,培养自学能力。家长要对孩子说明上网内容,告诉他们虽然游戏很诱人,但玩游戏绝不是网络产生的真正目的,要做到学习任务不完成就不玩游戏。

另外要注意的是,在与孩子"约法三章"之后,家长应该帮助孩子控制其行为,使孩子遵守诺言。

❤ **积极开展各种竞赛,提高学习信息技术的兴趣**

信息技术是一门新型学科,刚开始接触时,孩子对它充满了好奇,当接触多了,这层神秘面纱也被慢慢揭开了,而且这门课程涉及面广,孩子很难把握学习目标,容易失去兴趣,转而喜欢上网打游戏、聊天等。因此在平时,爸爸妈妈可以给孩子介绍电脑的各种用途,也可以让孩子上一些信息技术兴趣班,使孩子体会到利用计算机还可以做很多的事情,而不仅仅是上网玩游戏。

❤ **用其他活动来转移孩子的注意力**

在刚刚离开电脑游戏时,孩子的内心有些煎熬是难免的,这时候爸爸妈妈可以想办法用其他活动来转移孩子的注意力,如制作航模飞机、打球等,这些游戏一样受到孩子的青睐,能够成为他们摆脱游戏的好帮手。但家长要切记一点,不要因为这些游戏会花去自己不少时间而不去做,为了孩子,牺牲一些工作、休息的时间是值得的。

PART 2
轻松搞定小磨蹭的招数

💗 加强家、校之间的联系

为了防止孩子一时克制不住，瞒着父母在外上网玩游戏，家长应当经常与学校老师联系，了解孩子在学校的上学情况，注意从时间上掌握孩子的行踪，例如以学校的上学和放学时间，加上合理的在途时间来计算孩子到学校、到家的时间。上学前尽量不要让孩子提前太早离开家，放学时间关注孩子是否在合理的时间内到家。

💗 了解附近网吧的情况

有一些非法网吧唯利是图，不但纵容色情、赌博、不良游戏危害青少年的健康，而且缺少防火等基本的安全设施，上网者的人身安全毫无保障，容易造成严重事故。因此，为了孩子，家长要对附近有几个网吧，孩子常去哪个网吧，有没有非法网吧等做到心中有数。如果真的发现一些不良网吧，可以向有关部门反映情况，将其取缔，从外部"清洁"孩子的上网环境。

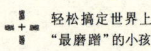

别让孩子养成熬夜的习惯

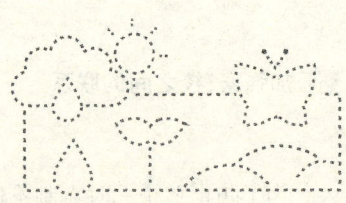

　　磨蹭的孩子效率低,白天的时间不能有效利用,只能熬夜来弥补,熬夜学习,熬夜看电视,熬夜看小说,等到第二天的时候就非常没精神,哈欠连天。熬夜到底对孩子的身体有什么不良影响呢?家长应该如何帮助孩子呢?

熬夜的不良影响

　　第一,易影响身高增长。身高虽然与遗传、营养有关,但与内分泌也关系重大。人脑中的下丘脑能分泌一种促进儿童发育的生长激素,它主要是在夜间10时至凌晨1时分泌。在儿童熟睡后60~90分钟,分泌量明显增加,占全天分泌量的1/2~3/4。孩子长期迟睡,必然影响生长激素的正常分泌,对身体发育不利,尤其是身高。

　　第二,易影响学习效果。青春前期的儿童,每天应保持充足睡

眠。经常熬夜会使人体生理功能受到影响,生物钟发生紊乱,影响智力发展。上课时昏昏欲睡,会使学习成绩下降。

第三,易使免疫功能下降。夜间充足的睡眠不仅能消除疲劳,还可提高人体免疫功能。迟睡的孩子可能会出现精神不振、食欲降低、体重减轻、全身乏力等情况,有的孩子还易患支气管炎、过敏性鼻炎等。因此,家长要重视培养孩子的良好睡眠习惯。

❤ 父母要做孩子的好榜样

为什么孩子们会熬夜呢?孩子熬夜的主要原因还是受父母的影响。孩子是跟着父母成长的,父母睡觉晚,孩子就有睡觉晚的倾向。如果希望孩子能健康地成长,父母最好和孩子的睡眠时间和起床时间一致,这样效果最佳。

❤ 试着做一下"入眠仪式"

在睡觉之前做一些事情,可以让孩子渐渐地做好睡觉的心理准备。

轻松搞定世界上"最磨蹭"的小孩

周舟上二年级,每天晚上睡觉都是他和妈妈矛盾的重点,"我不想睡觉"这句话是周舟每天都要说一遍的。妈妈可不让周舟这么"自作主张"不睡觉,每天都要把周舟"困"在床上,一般来说,周舟都要在床上折腾2个小时之后才入眠。有时候为了让周舟早些入睡,妈妈只能动用"打骂"的手段。可即便如此,周舟还是"屡教不改",每次睡觉都要折腾。

这天,妈妈带着周舟去公园,很多小朋友都在,妈妈便和其他几个孩子的妈妈攀谈起来。

"你们家宝宝晚上睡觉怎么样?"周舟妈妈苦恼地询问道。

"我们家宝宝每天按时睡觉,按时起床,挺好的!"一个妈妈立刻回答说。

"那他是一开始就自己乖乖睡的吗?"周舟妈妈羡慕地问。

"一开始也要劝、哄,后来养成习惯了,到了点儿就自己爬上床去睡了。"那个妈妈骄傲地说。

周舟妈妈赶紧讨教方法,那个妈妈说:"开始的时候,我每天都给孩子做'入眠仪式'。"

"什么'入眠仪式'?"周舟妈妈赶紧问。

"每次睡前一小时,我就会对孩子说:'去刷牙洗脸吧,然后妈妈给你讲一个故事就睡觉!'孩子虽然不情愿早早睡觉,但是有故事听

可以中和他们的不良情绪,也就接受了。后来孩子认字以后,我就买了书让他自己看,他每天晚上看几页书就自己睡觉了。"

周舟妈妈若有所悟地点了点头,思考着自己该怎么办。

对怎么也睡不着的孩子可以试着学学故事中的方法,做一下"入眠仪式",例如刷牙,整理玩具,换睡衣,上厕所,对布娃娃说"晚安",对家人说"晚安",让别人给自己读书听,开着灯睡觉等,都可以帮助孩子培养入睡的心理准备。

❤ 养成孩子晨练的习惯

如果孩子养成晨练的习惯,为了能够早起,晚上就必定不会晚睡。晨练不仅能够帮助孩子养成规律的作息习惯,而且能增强孩子的体质。一家三口若能每天坚持晨练,一天的生活都会生机勃勃。

❤ 为孩子营造一个好的睡眠环境

熬夜是孩子健康成长的大敌。家长要尽量保持卧室的安静,排除电视或其他嘈杂声音干扰孩子,给孩子营造一个好的睡眠环境。

睡前要避免孩子看刺激恐怖的电视节目或吃太多东西、做太多运动，更不要在睡前训斥孩子。

PART 2
轻松搞定小磨蹭的招数

提高孩子的时间利用率

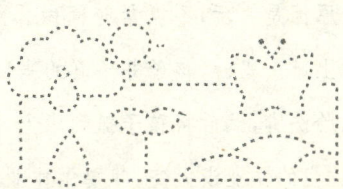

很多家长觉得,学校布置的作业量大,小学生做作业要做到晚上9点钟,中学生普遍要到10点半,甚至超过11点钟。其实,由于学校执行上级关于学生减负的指示,作业量一般并不大,为什么还存在作业多的呼声呢?主要是小孩子的时间利用率低,做作业磨磨蹭蹭,学习的自觉性不高。

陆强的单位远在郊区,周围没优质学校,职工子弟一般到市里的小学上学,学校离单位8~10公里,去市里上学的孩子天不亮就得起床,乘单位接送职工的班车上下学,冬天,上学、回家是"两头黑"。

陆强的妻子在市里一家商店工作,有时晚上要在店里值班,不能回家。到了他妻子值晚班的日子,陆强既要当爸,又要当妈。为了督促儿子学习,他只能在小孩睡下后,自己再看业务书,搞得筋疲力尽。

三四年级的儿子晚饭后总是先看报纸、电视,再慢慢做作业,每晚都要在10点后才上床。经过几天的观察,陆强看出儿子睡得晚的原因是贪玩,不抓紧时间做作业。于是向儿子宣布,晚上9点,必须上床。当时,孩子并不真的当回事。然而一到时间,陆强就拉孩子洗脸洗脚,然后将孩子抓到床上,强令睡觉。这下孩子急了,嘴里喊着:"我的作业没做完,我要做作业,不交作业,要挨老师批的。"爸爸冷静地告诉儿子:"早就说过,要你9点睡,你不听话,现在只能按规定办事了,老师问的时候,让老师跟我联系!"

就这样"治"了儿子两次,儿子放学回家就开始抓紧时间做作业了。孩子后来考上浙江大学建筑系,现在是一名优秀的建筑师。

数学家华罗庚说过:"成功的人无一不是利用时间的能手!"要想孩子不磨蹭,必须要提高孩子对时间的利用率。

❤ 以较小的时间单位办事

这样做有利于孩子充分安排和利用每一点时间,一时节约的时间和精力或许不多,但长期积累,可节约大量的时间。许多科学家、企业家、政治家办事常以小时、分钟为单位,犹太人把时间视作金钱,常以一分钟得到多少钱的概念来工作。家长可以给孩子讲讲这方面的名人故事,让孩子学会以较小的时间单位来学习、做事。

让孩子多给自己设定时间限制

人的心理很微妙,一旦知道时间很充足,注意力就会下降,效率也会跟着降低;一旦知道必须在什么时间里完成某事,就会自觉努力,使得效率大大提高。人的潜力是很大的,多限制时间通常不会影响身心健康,却可大大提高办事效率,何乐而不为呢?

大科学家爱因斯坦成才的途径是曲折的。对他而言,根本就谈不上什么科学研究条件。大学毕业后,尽管他想当一名物理学家,但由于是犹太人,他只当上一个邮政局的小职员。但艰难的生活并没有动摇他攀登科学高峰的决心,他将一天8个小时的工作在4个小时内干完,其余的时间用来进行学习和研究。

对多数事情而言,既可在较长的时间里做完,也可在较短的时间里做完,弹性相当大。多限制时间有助于减少办事时间,从而达到充分利用时间的目的。一件事情8个小时可以做完,如果只给4个小时,也可以想办法完成。家长要教会孩子避免无谓的时间浪费,比如,和小朋友玩耍的时候,先说明自己有多少时间,这个说明一方面是告诉其他小伙伴,另一方面是告诉孩子自己,让孩子对自己有所限制。

采用先进的工具和技术节约时间

有了先进的工具和技术可以帮助孩子节约大量的时间。比如，孩子要查阅一些资料，家长可以让孩子用电脑查，这比跑遍所有的图书馆要省时、省力得多。尽管使用先进的工具和技术可能要花不小的代价，比如购置一台电脑需要几千元人民币，但是从长远角度来看，往往是值得的。

让孩子把自己的时间安排得满满的

把自己的时间安排得满满的，从而促使自己努力，这是充分利用时间的最好办法。假如给自己安排的事情不多，那么，无论如何认真，时间还是没有被充分利用。

通过合作节约时间

一件事，可分割成几个较小的部分，自己只做其中一部分，其他部分让别人去做，这样可为自己节约很多时间。比如，孩子要去同学

家聚会,两家离得比较远,那么可以打车或者坐公交车去,利用在车里的时间,孩子可以听听英语,或做一些没有来得及做的事情,这比把时间都浪费在路上好。个人的力量是有限的,要充分利用时间,就要学会与人合作让时间价值利用最大化。

学会"一心多用"

学会"一心多用",时间的利用率就会大大提高。孩子可以边吃饭,边听新闻、音乐;边打乒乓球,边交谈;在刷牙、洗脸、梳头、穿着打扮时,可让自己放松放松,这对于充分利用时间非常有益。

充分利用休息时间

比如,利用吃饭时间、饭后短暂的休息时间、运动后放松的时间,和朋友、同学交谈,这样既有利于放松身心及消除疲劳,又利于交友。有些成功人士常利用吃饭和饭后休息的时间与下属、同事交谈,这样既有利于增进了解,获得良好的意见和建立良好的团体气氛,又可减少一些会议和会谈,十分有益。

NO.4 家长要懂得适当放手

相信孩子的能力

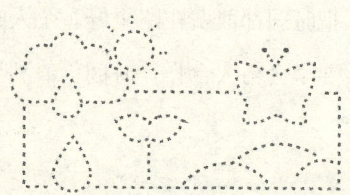

很多时候,家长总是认为孩子没有他们的帮助就做不好事情,所以必须时时提醒,刻刻催促,这样才能保证事情的顺利进行。真的是这样吗?下面的故事一定会让这些家长有所感触:

一位妈妈正在为上六年级的女儿发愁:"毕业了,班级准备出去旅行一次,要在外面住一晚,孩子这么让人费心,没有我在身边,她能行吗?"

这位妈妈的女儿叫小蝶,标准的慢性子,在家做事磨磨蹭蹭,早晨起床要叫很多遍,吃饭也特别慢,让她快一点从来不听……所以妈妈担心小蝶和同学们一起出去旅行,会给同学和老师添麻烦。这位妈妈思前想后,决定还是去找小蝶的班主任老师谈一谈,最好能够让班主任同意小蝶不参加毕业旅行。

PART 2
轻松搞定小磨蹭的招数

班主任听了小蝶妈妈的担心,不由一愣,然后微笑着说:"我觉得小蝶应该没有问题啊!也许在家她是没有您不行,但是在班级里,只要是分配给她的任务她都完成得很好,像扫地、擦窗之类事情,有一次还被我表扬了呢!"

妈妈将信将疑地看了看老师,终于松口,同意小蝶参加毕业旅行,不再强求老师让小蝶留下。

小蝶出去的那晚,妈妈辗转反侧,怎么也睡不着。终于天亮了,妈妈一大早就起床,在家等孩子回来。她以为将会看到孩子一脸的失落,谁知道却看到一个兴高采烈的孩子。

"早晨起床,你迟到了吗?"妈妈关心地问。要知道,在家里,小蝶赖床可以赖一个小时!

"当然没有!有同学赖床,还是我把他们揪出来的!"小蝶自豪地说。

"那你们吃饭,你吃得那么慢,有没有吃饱?菜够吃吗?"妈妈担心地继续问。

小蝶回答:"够吃够吃,我是第三个吃完的,吃得可饱了!"

妈妈听后,微笑之余,若有所思,以为孩子离开了自己就什么都不行,谁知居然能够做得很好!看来自己低估孩子的能力了!

很多家长都有小蝶妈妈的体会,"我一遍遍地唠叨,他还是那么磨蹭,离开了我,肯定更糟",其实不然,孩子离开了自己的妈妈,在生活中只要稍微努力,有意识地提高一下速度,还是能够和大家保持同步的。

💗 了解孩子真正的能力

很多时候,家长之所以不信任孩子,主要是因为不了解孩子真正的能力,其实孩子很多时候比我们想象的要能干得多。

秀秀和珑珑是一对姐妹,秀秀是姐姐,珑珑是妹妹。姐妹俩有一个共同的毛病,那就是磨蹭。尤其是早晨上学,两人似乎就是要跟妈妈对着干,谁也不加快速度起床,全都在床上赖着,要妈妈一遍一遍地叫。

9月,妈妈的单位要出国考察,为期一个星期,家中就只有平时"油瓶倒了也不扶"的爸爸,妈妈非常担心,如果没有自己早晨叫孩子起床,她们得赖到什么时候?

妈妈离开的第一天,秀秀和珑珑6点之前就起床了,根本没有要爸爸叫,然后用一个小时左右的时间赶去上学。不过,2个孩子忘了带公交卡,于是就不敢上车,硬是走到了学校。后来,学校老师对妈妈说,当时2个孩子出现在教室门口已经是第二节课快下课了,她们就像在旅途奔波了好久的流浪者,满脸灰尘和疲倦。妈妈听了很心

疼,但是也很骄傲。

晚上回到家后,她们和爸爸说了自己的遭遇,爸爸说:"为什么不能灵活一点,先上车,然后再和司机师傅说明情况,或者问路人借点钱,到时候寄还?"2个孩子面面相觑,但是都点点头,她们又学到了一些东西。

几天后,两人还是坐公交去学校,这次公交卡是带了,但是忘了充值,里面没有钱了。2个孩子摸摸口袋,零花钱也没有了,怎么办呢?于是两人想起了爸爸的话,鼓足勇气向司机说明情况,司机人很好,同意让她们免费坐车!后来,两人想着回来还要花钱坐车,就向司机师傅借了车费。过几天,碰到了那位司机,她们还了钱。回家后,爸爸夸奖了两个女儿!

第七天,爸爸要临时加班,回家晚来不及做饭,于是就让孩子先煮上饭,洗好菜,回家后他一炒就可以吃。两个孩子煮饭、洗菜是没有问题的,但是她们想给爸爸一个惊喜,直接把菜炒好,于是就打电话问妈妈怎么炒菜,妈妈不放心地在电话里把步骤说了一遍又一遍。等到爸爸回家的时候,桌子上已经摆上了四菜一汤——虽然青菜黄了点,鸡蛋黑了点。

相信她们的妈妈回来之后,会非常吃惊孩子的表现,本来磨磨蹭蹭、什么都要提醒的孩子,居然能够自己解决很多问题!是的,孩子

轻松搞定世界上"最磨蹭"的小孩

的能力有时候比我们想象的要强得多,我们要做的就是相信孩子,了解孩子的真正能力,给孩子施展能力的机会。

💗 给孩子自己做主的权力

如果总是介入孩子的事情,那么孩子就会将家长当成靠山,磨蹭的孩子得到了家长的"帮助"就会越发懒惰。其实,家长要给孩子自己处理事情的权力,并且让孩子养成这种习惯,这对他们的一生都会有非常积极的作用。

玛格丽特·希尔达·撒切尔,政治家、外交家,英国前首相。1947年在牛津大学获理学士学位,后获得文学硕士学位。曾从事过化学研究,做过专利法律师、税法专家等职业,1953年入选下议院,1975年2月被选为保守党领袖。1979年5月,保守党在大选中获胜,她成为英国第一位女首相,并三度蝉联首相,开创了英国历史的先例,成为世界著名的风云人物。她在任职期间工作勤恳,政绩卓著,有"铁娘子"之称。

1925年10月13日,英国伦敦西部的格兰瑟姆市一个杂货店主家,第二个女儿降生了,她就是玛格丽特·罗伯特斯,也就是后来的撒切尔夫人。她的父亲叫阿尔弗雷德·罗伯特斯,靠经营杂货店为

生。母亲比阿特里丝是个裁缝,一家人过着俭朴而有序的生活。阿尔弗雷德既是州议员又兼职卫理公会传教士,他的家庭充满了宗教气息。在生活和对孩子的教育方面,他非常懂得放手,让孩子拥有自己做主的权力。

在孩童时期,玛格丽特深受父亲的宠爱,这种宠爱非同寻常,阿尔弗雷德决心把女儿培养成才。每周,玛格丽特都得跟随家人去参加卫理公会教的活动,星期天上午还要去教堂做礼拜。之后,她还得去学校学习。

爱玩是孩子的天性,每次在教堂做礼拜时,看见别的小朋友在外面自由自在地跑来跑去,做着有趣的游戏,玛格丽特的心便也跟着飞了出去。她抬起头,小心翼翼地问父亲:"我想出去玩,可以吗?"

阿尔弗雷德回答:"你的时间,你可以自己做主。不过,现在是你学习知识的大好时光,如果你想和一般人一样沉迷于玩乐,那样只会一事无成。我相信你有自己的判断力,你自己做决定吧。"

父亲说完,小玛格丽特陷入了沉思。最终,她没有出去玩耍。

孩子的事情,应该由孩子自己做主,家长可以从旁指导,做好监护人的角色。这种教育环境中成长出来的孩子,将会更接近成功。

用爱的语言鼓励孩子

孩子需要鼓励,正如植物需要水分。美国一位著名的教育家曾经说过一句很精彩的话:"在教育孩子的事情上,除了鼓励我不知道还有什么方法。"对于磨蹭的孩子来说,鼓励也是一种非常有效的教育方法。

❤ 鼓励对孩子来说很重要

孩子出生时,对这个世界一无所知,所以在孩子最初的生命经历中,绝大多数的感觉记忆是失败的经验。生物的自我保护本能,使得孩子对所处的周遭环境充满恐惧。如果没有成年人的耐心指导和训练,他很难自动学会复杂的人类行为。只有作为成年人的家长站在孩子的背后不断地鼓励孩子,孩子才能逐渐地学会做各种事情。

戴尔·卡耐基,美国著名心理学家、人际关系学家。1904年,就

读于密苏里州华伦斯堡州立师范学院。曾当过教师、推销员、演员，最终以成人教育闻名，创立了一套融演讲、推销、为人处世、智能开发于一体的教育方式。1931年，出版第一部著作《语言的突破》，代表作有《人性的弱点》《人性的优点》等。他所开创的"人际关系训练班"遍布世界各地，造就了无数成功人士，被人们称为"第一代成功学大师"。

15岁时，戴尔要一边上学，一边在自家的农场里干活。在校园里，脸色苍白的戴尔总是穿着一件破旧发白的夹克衫，一副无精打采的样子。同学们经常嘲笑他穷酸的样子，还对他冷嘲热讽，说他是个怪人。为此他常常暗自流泪。

有一次上数学课时，戴尔被老师叫到黑板前演算练习题。他刚走上讲台，教室里就爆发出一阵怪里怪气的笑声。他觉得莫名其妙，只顾做完题目才回到座位上。后来，他才知道，坐在他后面的一个捣蛋鬼，在他破夹克衫上插了一朵玫瑰花，旁边还贴了一张纸条，写着："我爱你，瑞德·杰克先生。"（在英语中，"瑞德·杰克"与"破夹克"是谐音词。）戴尔得知后心里非常难受："这是多大的耻辱！我不能再跟他们坐在一起听课了！"

回家后，他对母亲说："妈妈，我穿着破衣服老是被同学们笑话，不能集中精力听讲，我不想念书了！"

母亲鼓励戴尔说:"儿子,为什么不想想办法,让他们佩服你、尊敬你呢?记住,只要有一颗坚强的心,就一定能克服所有的困难,成为胜者!别难过,到了秋天,妈妈一定给你买套新衣服。"戴尔被母亲的话语点拨醒了,脸上露出了笑容,和母亲紧紧地拥抱在了一起。

在母亲的鼓励下,戴尔·卡耐基发奋读书。母亲寄厚望于他,希望他将来做一名传教士,或做一名教员,这成为他前进的巨大动力。1904年,他考入了密苏里州华伦斯堡州立师范学院。父母为了供他读书,卖掉农场,搬到师范学院附近。卡耐基负担不起学校里的生活费用,就住在家里,每天骑马到学校去上课。在家里,他十分勤劳,挤牛奶、伐木、喂猪等杂活都会去做。忙完了家务,夜晚来临,他就在油灯下刻苦读书。

卡耐基以不错的成绩获得了全额奖学金,但仍然参加各种工作,赚取必要的学习费用。他想成为学校里的知名人物,想在演讲比赛上大显身手。于是,他花了很长的时间来练习,然而前前后后的12次失败令他心灰意冷。在母亲的一次次鼓励下,卡耐基再次振作起来,终于在1906年获得了勒伯第青年演说家奖。

在母亲爱的鼓励下,卡耐基彻底走出了自卑的阴影,战胜了自我。他的成功之路由此开始起步。

鼓励之于孩子的重要性不言而喻,它能改变一个孩子的人生轨

迹,把孩子从平庸推向卓越,故事中的卡耐基不就是最好的例子吗?家长不要对鼓励的作用将信将疑,付诸行动吧,身边那个磨蹭的小孩也将从此发生改变。

❤ 鼓励孩子要掌握技巧

那么,真正有效的鼓励是什么呢?

第一,相信孩子的潜能是无限的。家长要相信,人是宇宙的精灵,孩子身上具有无限的潜在的能力。只要经过适当的开发,任何事孩子都可以学会。通过家长的鼓励,家长传达对孩子能力的信任、对孩子人格的信任的良性信息。这种被人信任的信息,对孩子是一种极大的上推力,使得孩子有力量来克服他每时每刻都会遇到的困难。比如,爸爸妈妈可以对孩子说:"我觉得你一定能够在半个小时之内收拾完自己的房间,不会像上次一样花费一个小时。加油!等你收拾完以后,我们一起出去踢足球!"孩子在听到爸爸妈妈这样的鼓励之后,一定会加快自己的做事速度。

第二,太过高调和夸张的鼓励是无用的。"你好乖呀!""你真是懂事的好孩子,你是爸爸妈妈的骄傲。""哦,今天早上你表现得像一个天使!"对于孩子来说,这样"抽象"的鼓励毫无意义,他根本不明白

他的哪些行为像"天使",哪些行为又成了爸妈的"骄傲"。既然鼓励的目的是为了强化孩子的好行为,就应该越具体越好。有些细心的家长会发现,一旦指出孩子的哪些行为"有进步",孩子以后会遵循这些行为规则去做事情,他就会自觉自愿,我们的养育过程就会"省力而见效"。具体到某一个细节的鼓励往往是低调的,比如:"你今天早上早起了5分钟,我真高兴,谢谢。"低调而具体的鼓励听上去随意而亲切,明白地告诉孩子:"这是应该养成的行为,这很自然。"

第三,少用物质来对孩子进行鼓励。有的父母为鼓励孩子,经常投其所好地用孩子喜欢的玩具、食物等来"笼络"他。这种"鼓励"行为偶尔为之是可以的,也会为亲子关系创造一番惊喜。但如果形成了习惯,反而会削弱孩子从做事的过程中获得快乐,并可能让他养成做什么事情都会索要"奖品"并讨价还价的毛病。

第四,鼓励的通用公式。鼓励=信任孩子(人格、能力)+我相信你能行+身体接触。为了鼓励孩子,家长不但要用语言告诉孩子,你相信他的人格和能力,更重要的是要与孩子有身体接触,通过拥抱、拍打孩子肩膀或抚摸孩子的头发等方式,把信任和力量传达给孩子。只有这样才能让孩子真正感受到力量,使他们更有勇气和自信。

不妨找机会对孩子"示弱"

家长如果找到适当的机会对孩子"示弱",那么对孩子而言会更有做事的动力,这种动力不亚于鼓励。

明明的妈妈很怕打雷,但她没在孩子面前强装着不怕。打雷时,她就让儿子帮自己捂耳朵。儿子知道妈妈怕打雷,有一次突然跟妈妈说:"妈妈,我告诉你一个办法,你一看到闪电时就捂耳朵,光比声音传播速度快,这样你就听不到雷声了。"

原来,儿子在父亲的帮助下去查了《少儿百科全书》,妈妈怕的东西勾起了他研究的欲望,他会告诉妈妈应该怎样,不应该怎样。妈妈就装傻:"儿子,你今天说的我必须记下来,我都不知道呢。"

后来有一天下雨时,妈妈回来就对儿子说:"今天下雨妈妈按你教的方法一闪电就捂耳朵,果然就没听到雷声。"

儿子得意地说:"听我的没错吧。"

妈妈发现示弱成全了孩子的强大。聪明的妈妈想到:为什么不把示弱的方法用到纠正孩子磨蹭的坏习惯上呢?

明明没什么坏习惯,就是爱磨蹭,吃个早饭要花费半个小时。于是妈妈精心策划了这样一幕:

早晨起来,妈妈有气无力地对明明说:"儿子,我觉得非常不舒

服,你能够快点吃完早饭,然后下楼去给妈妈买盒药吗?早饭爸爸已经给你做好了!"

明明立刻点头,并且小大人似的伸手摸了摸妈妈的额头,说:"嗯,没事的,妈妈你不发烧,很快就会好起来的!"

说完后立即狼吞虎咽地吃起早饭来,才花了10分钟就把准备好的东西全吃光了。吃完早饭以后,明明"噔噔噔"地跑下楼去买药,一来一回花了20分钟,刚刚好到了上学的时间。

妈妈看着出门上学的孩子的背影笑了,她自言自语道:"宝贝,妈妈希望帮助你,把你吃早饭磨磨蹭蹭的毛病彻底改掉!"

家长只要选对"示弱"的时机,那么就会激发出孩子的潜能,帮助孩子改掉磨蹭的坏习惯。但是在方式方法上一定要掌握好分寸,避免引发信任危机。

给孩子恰当的批评

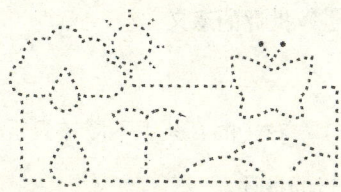

恰当的批评是对孩子负责的表现,批评和惩罚,与表扬和鼓励一样,都是正常的教育手段。

佳佳总是磨磨蹭蹭,妈妈为了改掉她这个坏习惯,经常给佳佳"计时"。比如,佳佳穿衣服,妈妈会看着表,然后告诉她花了多少时间。如果佳佳比上次快,那么妈妈就会表扬;如果比上次慢,妈妈就会说几句中肯的批评,然后和佳佳一起寻找慢的原因。一段时间过后,佳佳的做事速度果然提了上来。

虽然赏识孩子是主流的教育方式,但它无法替代批评的功能,批评也是孩子成长必需的营养。

批评的意义

孩子的耳朵里不应该只听见表扬和鼓励,他们同样需要家长恰当的批评。

伽利略·伽利莱,意大利物理学家、数学家和天文学家,科学革命的先驱。他把望远镜运用到天文观测上,发现了月球上的山脉、峡谷和陨石坑;发现了木星最大的四个卫星;发现了金星的相变和太阳黑子,有力地支持了哥白尼的日心说。他以系统的实验和观察推翻了纯属思辨的传统自然观,开创了以实验事实为根据并具有严密逻辑体系的近代科学,融会贯通了数学、物理学和天文学,被称为"近代天文观测之父""近代科学之父"。

1564年2月15日,伽利略·伽利莱诞生在意大利图斯卡尼公国的比萨镇。伽利莱家族是当时佛罗伦萨的贵族,但是伽利略的父亲文森西奥却并不富有,母亲则来自一个富有的上层社会家庭。

文森西奥是当时著名的音乐家和商人,擅长弹奏鲁特琴(一种半梨形的弦乐器)。他对当时的音乐理论非常不满意,但是没有人同意他的看法,于是他一个人发起了对音乐理论的革命。这种举动对儿子产生了强烈的影响,可以说,伽利略日后所具备的非凡勇气已在那时悄然形成了。这种勇气使他在很多年后敢于向教会开战,打破上

千年的迷信,开创了近代实验科学。

伽利略可能天生就喜欢手工制作。他在还很小的时候,就经常一个人坐在院子里,用一把刀对着一块木头刻刻划划。父亲看见伽利略每天都在鼓捣木头,感到很好奇,后来才发现他是在制作玩具,便不再管他了。看着儿子专心致志的样子,父亲也不想去打扰他,只远远地看着。

有时候,父亲也会走到伽利略身边,拿起一个雕刻好的木头问道:"这是什么?"

伽利略停下手里的活计,回答道:"这是一只小狗。"

父亲摇着头批评道:"这是小狗吗,怎么不像呀?小狗的耳朵好像比这个要大些。还有,腿也太短了。爪子呢,也没有爪子呀!"

伽利略从父亲手中接过小狗,仔细端详一番,觉得父亲说得很对,便说:"我会把它刻成一只真正的小狗的。"

父亲微微一笑,他知道小伽利略会做好的。

后来,每当小伽利略做出了新的木雕,就会给父亲看,父亲会对他的作品提出中肯的批评意见。慢慢的,小伽利略的"手艺"越来越好,他的专注力、观察力、动手能力也得到了很大的提高。

父母必须明白,与表扬相对的批评,与奖励相对的惩戒,对于每一个人特别是孩子具有特殊的意义。可以说,恰当的批评会让孩子终身受益。

批评的技巧

第一,以正面引导为主。有些父母批评起孩子,张口闭口总是否定性语言,"你真没出息,你真不争气……"有的净是挖苦讽刺。如此责骂不休,真不知究竟要把孩子往正道上引,还是往邪路上推。正确的做法应该是,严肃认真地指出错误后,用肯定的语言,如"你是有出息的""肯定会争气"等,给予正确引导。任何批评,其根本目的在于激发孩子好的行为。

第二,批评应对事不对人。作为父母,一定要在批评孩子的时候注意,孩子有过错时理应批评,但其人格应受到尊重。批评应对事不对人,孩子和大人,被批评者和批评者,人格应该平等。

第三,"悄悄"地进行批评。批评是一种教育手段,也是一种微妙的教育艺术。高明的批评会产生意想不到的奇迹。在尊重孩子的前提下,轻声细语地和孩子讲道理,保护孩子的自尊心,这种"悄悄批评"的方式比大声、严厉地训斥更有威力。这是为什么呢?

首先,避免了孩子在他人面前的难堪。父母采用耳语,甚至把孩子叫到僻静处说话,体现了对孩子的尊重、保护。如若大声训斥,一下子让孩子处于尴尬处境,即使有的孩子想承认错误,想放弃不恰当

的主张,也一下子没台阶可下。所以父母越训斥,孩子越坚持自己的要求。其次,体现出父母与孩子友好协商的姿态,让孩子感到最终做出的决定是自己思考的结果,并不是父母强加给他的。最后,能保持父母与孩子的亲密关系。许多父母在大声训斥或批评孩子之后,都会难受半天,一方面是孩子的行为让自己生气,另一方面总后悔不该发火。其实,即使父母的意见完全正确,也不应该肆意地当众训斥或大声责备孩子,而应该让孩子觉得父母始终是最可信任的亲人。事实上,"悄悄批评"是家庭教育中一种艺术化的教育方法,父母们只要细心体会,学会克制,是不难做到的。

第四,掌握好时机。在批评孩子的时候,要注意及时性,不要拖延,如果批评时间相隔太久,孩子会感到莫名其妙。或许孩子在这段时间已经自悟,如果再批评,容易导致孩子产生不满情绪。

另外,妈妈常对孩子说的那句"爸爸回家后就有你瞧的啦"的口头禅,并不适合实际情形。除非母亲能立刻把父亲叫回家来,因为父亲当场批评要比等他下班回家来再批评有效。

第五,进行"冷处理"。所谓及时批评也应视年龄特点及错误性质有个时间跨度,要抓住时机"冷处理"。对于一些好胜或者倔强的孩子,有时不妨故意冷淡一下,使之感到无声的批评,从而让他反省自己的过失。

除了孩子需要"冷处理",父母也需要"冷处理"。父母在气头上教育孩子时,难免会有一场暴风骤雨,给孩子的心灵带来极大的摧残。此时应先忍一忍,等自己冷静后再选择适当的时间、适当的地点、适当的方式教育孩子。

第六,要有耐心。作为家长,应该尊重孩子的人格,与孩子平等交流,说"你的心情我理解……但我想听听你的解释……我建议你这样考虑……我知道你不会这样的"等,耐心地指导孩子,不要让批评成为家长不满情绪的发泄。

第七,与具体的指导行为相结合。批评是为了纠正孩子的不良行为。如果孩子因为玩游戏而磨磨蹭蹭不去写作业,你可以说:"你因为玩游戏而耽误了学习,这是因小失大,咱们从明天开始严格控制玩游戏的时间,好吗?"这样既批评了孩子,还给孩子提出了具体行动的指导性建议。

第八,家庭成员意见要一致。对于孩子的错误行为,假如父亲要批评,而母亲却一味袒护、溺爱,意见不一致,一来容易助长孩子利用父母矛盾的投机心理;二来孩子不易分清谁对谁错,无法在心目中长期建立稳定、正确的行为规范。所以,家庭成员的意见要保持一致,这很重要。

PART 2
轻松搞定小磨蹭的招数

凡事与孩子多商量

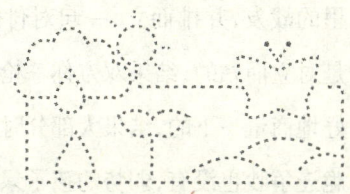

有心的家长会发现,与孩子商量事情,能够提升孩子的能动性。比如孩子上补习班这件事,如果这个补习班是跟孩子商量之后才选定的,那么孩子上课的积极性就会高很多。反之,如果是父母的决定,孩子只有服从的份儿,那么孩子则有可能每次上课都磨磨蹭蹭,提不起劲头来。所以,可以的话,家长凡事要跟孩子多商量。

放弃高高在上的地位

要做到真正的商量,家长必须放弃高高在上的地位。一旦家长在认为"我是大人""我比他有经验""我比他懂得多""我吃的盐……我过的桥……"这种情境下进行商量,效果肯定不好。商量一定是在一个平等的状态下进行的,真正地弯下腰来跟孩子说话,真正地去理解他。真正的商量是家长跟孩子站在同一战壕里,双方是同一战壕

里的战友,并排而立,一起对付困难。可是在很多时候,父母跟孩子是对立而站的,结果双方你一枪我一炮地斗了起来,于是原本是想好好地商量一下的,结果大部分时候都变成了互不相让的争吵;或者干脆连争吵也没有,弱势的孩子只是听父母在说,没有插嘴的份儿。

所以,家长首先要把自己的位置摆正:父母和孩子是并排站立的,需要一起来对付眼前的困难,双方的心态是一样的,考虑问题的出发点也是一样的。

❤ 放弃心里的标准答案

如果家长在商量之前可以放弃事先设定的"标准答案",也许和孩子之间的商量会有另一个结果。

妈妈:孩子,马上放暑假了,补习班也在报名了,你看,你是上以前的那家,还是报老师推荐的那家?

孩子:都差不多吧?

妈妈:妈妈想让你自己决定。你看,妈妈分析了,以前那家的优点在于离我们家比较近,而且老师你也都熟悉;而老师推荐的那家呢,你们班的同学比较多。缺点呢,是两家收费都挺贵的,以前的那家稍微便宜点,但是设施、环境没有老师推荐的那家好。

孩子：是吧，其实设施、环境倒是其次，我觉得还是教学质量比较重要。

妈妈：以前那家的教学质量我们都有数，你也有直观的感受，妈妈觉得以前的那家比较保险。而新的这家怎么样，我们也不清楚。不如你先向那些曾经去过这家补习班的同学问问，然后咱们再做决定，如何？

孩子：好的。

谈话到此为止，这是一次成功的商量，"先问问别人再决定"就是标准答案，而先前妈妈心中觉得比较保险的补习班并不是标准答案。这才是一种真正的商量，所以，家长要想和孩子有一种真正的沟通，就要放弃原来在自己心里的设定答案，听听孩子的所想所思。

给孩子充分的话语权

很多时候，孩子每天该吃什么，几时就寝，何时上学……孩子自己并不能决定，都要由父母来做出善意性的"独裁式"安排，因为父母认为自己更清楚什么是对孩子真正有好处的。我们相信，父母都是爱孩子的。但是，同样是爱，结果是大不相同的。孩子已经有了自己的想法和主张，在孩子想发表自己的看法、意见时，家长如果粗暴地

打断,或是不理不睬,那么就会有很糟糕的结果——一旦孩子的话语权被长期压制,孩子就会出现许多恶习,比如懒惰、磨蹭等。

从孩子的角度想问题

父母与孩子之间往往有太多不同的看法,如果双方都认为自己的意见是正确的,只站在自己的角度去看待问题,那么就无法达成一致,更别说商量了。《德国孩子的"爱情"》一文中讲了这样一个故事:一个德国男孩爱上了同班一个16岁的中国女孩,因她生病未到校而情绪非常低落,他告诉母亲自己爱上了那个女孩,想要和她结婚。男孩的母亲并未斥责他,而是和颜悦色地说:"那好啊,但结婚要有礼服、婚纱、戒指,要有自己的房子、花园,还要花许多钱。可是你现在什么也没有,连读书都是妈妈给你付的学费。你要和这位可爱的中国女孩结婚,从现在起就得努力学习,将来拿到博士文凭,才有希望得到这一切。"那位男孩听后,擦干眼泪非常认真地读起书来。

其实,每一位家长都曾从孩子的年龄走过,也经历过许多同样的"成长的烦恼",如果孩子的想法真的是错误的、需要修正的,那么在沟通的过程中,为了能够让孩子更容易接受成人的观点,最好就从孩子的角度,将心比心地进行劝导。

妈妈:星期天是你的生日,妈妈给你200元的预算,你自己决定怎样过生日。

孩子:真的吗?

妈妈:当然是真的。

孩子:那好,我要约上我的好朋友到香山公园去玩,听说枫叶已经红了!

妈妈:不行!跑那么远,多危险!

孩子:不会的,您用车送我们去,五六点的时候,我们在公园门口等您,您再接我们回来。

妈妈:那也不行,万一出点事儿怎么办。我看还是在餐厅请你的朋友们吃一顿算了!

孩子:每年都在餐厅过,一点意思都没有!算了,星期天我哪儿也不去了,过不过生日都无所谓!

以这段母子间的对话为例,母亲如果可以从孩子的角度进行劝导,也许事情就不会弄得不欢而散了。

孩子:我要约上我的好朋友到香山公园去玩,听说枫叶已经红了!

妈妈:不行!跑那么远,多危险!

轻松搞定世界上"最磨蹭"的小孩

孩子:不会的,您用车送我们去,五六点的时候,我们在公园门口等您,您再接我们回来。

妈妈:你为什么那么想去香山?

孩子:我们几个其实以前早就约好了,有机会要去爬香山,这不是个好机会嘛!

妈妈:哦,原来你早就想去了!可是你们自己去妈妈不放心,你看这样好不好,爸爸妈妈和你们一起去香山!

孩子:别,他们该笑话我了!这么大了,爹妈还在后面跟着!

妈妈:嗯,这倒也是。你看这样行不行,我们和你们分开玩,你们爬山,我们去植物园。这样你的同学也不会笑话你,如果你们遇到紧急情况需要帮助,我们就在附近,可以随时赶到!

孩子:这倒是个两全其美的主意,好吧,就这么办!

妈妈:那妈妈明天去买点你们爱吃的零食、饮料,让我儿子在香山过一个难忘的生日!

孩子:耶!妈妈万岁!

在沟通商量的过程中,父母不一定非得硬性要求孩子按父母的想法做事,其实孩子都是懂道理的,他们有自己的爱好,有自己的处事方式,这个时候,家长最好将孩子看成是一个独立的个体,从孩子的角度出发,平心静气地和孩子一起商量出两全其美的方法。

原则性问题不用商量

虽然说要尊重孩子,但并不是所有的问题都需要商量。像一些原则性问题就不予商量,必须执行,比如:不经允许,不能够在外面过夜;不可以去街边泡网吧……孩子的自制力还不是很强,所以需要一些原则的约束,这些原则是父母可以来确立的,不需要和孩子多商量,一定要坚决执行。尤其是一些与道德标准、法律规定有关的事情,父母的态度更要强硬一些。

轻松搞定世界上"最磨蹭"的小孩

别总是追究孩子的错误

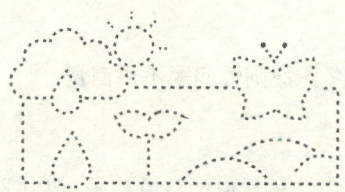

磨蹭的孩子总是不断地被家长追究错误,而家长越追究,其实对孩子越是不好。

(第一天,张帅迟到了)

妈妈:你为什么迟到?

孩子:我起床晚了。

(第二天,张帅又迟到了)

妈妈:你又迟到了?

孩子:我在去学校的时候扭伤了脚……

(第三天,张帅既没起晚,也没崴脚,可还是迟到了)

妈妈:你怎么还迟到?

孩子:老师把早自习提前了20分钟,为的是迎接年终的统考,而这个通知正是在我昨天迟到的两分钟内老师公布的。

妈妈:我看是你的学习态度问题,前天就迟到,昨天也迟到,今天

又迟到!

孩子:我……

(第四天,张帅没有去上学,他害怕再迟到)

父母总是严厉地责问孩子的错误,很少宽容孩子,尤其是对于磨蹭的孩子,家长有时控制不住脾气张口就是指责。孩子在畏惧情绪的支配下,就学会了用撒谎、逃避等消极的方式来抵抗。实际上,当孩子出现这些问题时,家长首先应该反省自己,必定是在哪些方面使孩子的心灵和思想受到了伤害。

❤ 宽容孩子的过错

有这样一则故事:

一个男孩在玩旱冰鞋时,不慎撞倒了一个女孩,女孩摔得还很厉害。男孩的母亲不但付了女孩的医药费,还给女孩买了很多营养品,但是她没有责怪小男孩,而是把旱冰鞋递给他,让他第二天再出去玩。本以为难逃一劫的男孩万分庆幸,内心为自己的错误悔恨不已,再溜冰时小心翼翼,类似错误再没犯过。

对于磨蹭的孩子,家长要懂得宽容,要允许孩子犯错,比如孩子

因为磨蹭而迟到,只要他意识到自己犯了错,有心改正,就不要再严厉批评,要报以理解、宽容的态度。其实,父母不用说,孩子犯错之后,很自然会"吃一堑,长一智"的。

❤ 要学会先表扬后指出缺点的沟通方法

父母在发现孩子犯错误的时候,要善于先找到孩子的优点,然后再指出缺点,让孩子更易于接受父母的批评。比如:"今天的数学考试的答题速度比以前有进步,真不错。不过,要是可以再快一点儿,这样最后那道思考题就有更多的时间去解答了!"这样,孩子先感受到的是表扬,不会引发孩子的逆反心理。

❤ 要重视孩子以后的行为,而不是追究以前的错误

既然错误已经发生了,再追究也是没有用了,不断地追究错误只会让孩子产生烦躁不安的感觉,沉浸在挫败的情绪中走不出来。父母的责任是培养孩子,而不是毁灭孩子。因此,父母应该把眼光放在孩子的未来上,而不是追究孩子的过去。只有这样,做父母的才能够成就孩子。

父母要避免粗暴、严厉的惩罚

大部分父母在孩子做错事的时候,总是很生气地责问他:"你为什么这样?"其责问的目的,是想用直接的方法让孩子自我反省。但是,当孩子没反应时,父母就会生气甚至动粗。苏联政治家捷尔任斯基给父母的忠告是:"在他们痛苦与羞愧时要给以安慰,以便消除你发脾气时在他们心中留下的一切痕迹。母亲要呵护孩子的心灵,而不是反向去伤害他们。因此,你要记住,他们还是孩子,他们是无法了解你的,所以,无论如何不要在他们面前发火。"

宽容并不是纵容

不追究不代表纵容。那么,什么是宽容?什么是纵容?

宽容的关键在于接受孩子拥有宪法规定的各种权利、各种情绪与愿望。愿望的自由是绝对的,是不受任何限制的。所有的情绪与幻想,所有的想法与愿望,所有的梦想与渴望,不管内容怎样,都应该被接受,都应该受到尊重,并且可以允许通过适当的方式表达出来。

纵容与宽容的界限在于,孩子对表达自己的情绪和愿望虽有自

由,但是家长如果允许他们实施一些过分的行为,那就是纵容。

孩子:妈妈,我想多睡一会儿!

妈妈:不是说好了不再赖床了吗?

孩子:今天真的好困,昨天做作业做到很晚!

妈妈:这……

孩子:求你了!

妈妈:好吧,只此一次!

孩子:妈妈万岁!

(下一周)

妈妈:怎么还不起床?

孩子:太困了!

妈妈:起床时间已经到了!

孩子:我多睡一会儿嘛!

妈妈:不可以!

孩子:为什么不可以,上回你就让我多睡了一会儿的……这次也答应我嘛……

妈妈:你……算了,多睡15分钟,然后起床!

孩子:好棒!

PART 2
轻松搞定小磨蹭的招数

对话中的妈妈对孩子就是一种纵容！孩子想要多睡一会儿的想法，家长应该宽容，孩子毕竟是孩子，也有贪睡的时候。然而，当孩子一而再、再而三地提出多睡一会儿这样的过分要求的时候，如果家长还是同意，那么就是纵容了。

家长对孩子宽容，接受他们合理的要求，能够给孩子带来信心，增强孩子表达情绪和想法的能力。而家长对孩子纵容，虽然可以换来孩子的一时开心，但是后患无穷。那么，家长如何做到宽容而不纵容呢？

第一，制订必要的规则。孩子需要一个清晰的界限：什么行为是被认可的，什么行为是不被允许的。没有父母的管教，他们很容易由着性子冲动行事。当他们知道合理行为的清晰界限时，他们做事就会变得有分寸。

所以，对于孩子的日常生活，家长应对一些重要项目制订出规则。既不能专断，也不能反复无常，而是要有教育意义。切合实际的规则可能会使孩子自愿改变某种行为，从这个意义来说，最终会让孩子成为一个自律的人。通过认同父母及父母体现出来的价值，孩子的内心会获得自我调整的标准。

第二，执行已经定下的规则。对父母而言，定规矩、做约束很容易，制订比执行要容易得多。当孩子向这些规则挑战的时候，父母应

该学会灵活应对。父母希望孩子开心,当父母不允许孩子违反规则的时候,孩子或许会觉得不再被爱了。因此,在实施时,要注意孩子是否对规则反感,如果有,则要及时进行有效的调整,做到赏罚有依据,规则人性化,便于执行。

PART 2
轻松搞定小磨蹭的招数

鼓励孩子勇于认错

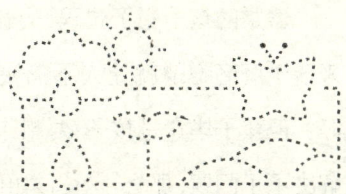

当家长指出孩子错误的时候,几乎很难听到孩子承认:"这是我干的!"很多孩子不愿意爽快地承认自己犯的错,磨蹭的孩子也是一样。

"涂涂,把电热毯忘了关的,是你吧?"妈妈回到家,看到电热毯把床单烧了一个洞,在庆幸没有酿成大祸的同时,开始问责。

涂涂躲在门后,怯生生地说:"也不能全怪我啊!"

"不怪你怪谁?"妈妈大声说,"早晨起床磨磨蹭蹭的,花了那么长时间,居然还能忘了关电热毯?"

"要不是早晨你催我,可能我就不会忘记关了……"涂涂仍然不肯承认自己的错误。

"你……你……你这个孩子,不打是不行了……明明是自己磨蹭误了事,还推卸责任!"妈妈顺手拿起小棍子,准备打涂涂,涂涂也不"傻",东躲西藏,顿时屋里"热闹"了起来。

磨蹭的孩子犯了错误,会让家长更难以控制自己的脾气——本来孩子磨磨蹭蹭就让人不痛快,若是再犯了什么错,岂不是罪加一等?但孩子毕竟是孩子,要想让他们承认错误是不容易的,打和骂都解决不了问题,那么,家长该如何做呢?

孩子不愿意认错的原因

面对孩子的狡辩,很多家长真是气不打一处来!那么,为什么孩子不愿意认错呢?

第一,"如果我承认了,妈妈一定会大发雷霆的!所以我可不能说是我!"孩子害怕的不只是来自家长口中的责备或手下的惩罚,而是家长的愤怒、不满,以及家长对自己的失望情绪,这让孩子真正心生胆怯。很多时候家长低估了孩子,以为这些小家伙只是因为畏惧"皮肉之苦"或者"一顿臭骂"而不惜耍赖,做了错事不敢承认。事实上,真正让他们感觉受伤或者内疚的,是爸爸妈妈愤怒中隐藏的沮丧,是爸爸妈妈的难过。可家长也的确不能高估了这些孩子,因为他们相信可以借助回避责任、矢口否认来换取父母的不失望、不难过。

第二,"我不想说'对不起'……只要我不承认是我干的就不用说了。""对不起"不是人人天生就会说、就懂得说、就明白为什么要说

的。道歉也需要一边成长一边学习。大人难道不也是如此吗？孩子已经有了很强的自我意识，只是他们还不能够正确地分辨在什么情况下它叫作"自尊心"，什么场合它就变成了"固执"和"无礼"。

第三，"我说那不是我干的，因为我也不知道自己这时应该怎么办！"在孩子看来，推卸责任在很多时候是躲避麻烦最简单的方法！但事实上，孩子也许并不希望就此"灰溜溜"地"逃走"。要做到勇于担当和"善后处理"，孩子还需要父母的一点帮助和用心。当孩子知道自己做错了，希望家长能给他修正、挽回或补救的机会，同时还能给他保留一些面子。

第四，"那可不是我干的！真的！"幻想和现实，对于孩子来讲，还是会时常出现混乱的。他们有时会沉迷于自己幻想期望的事情（也就是"那事情"根本没发生），有时候他们甚至真的忘记了此前都发生了什么。父母们应该理解，他们毕竟还是小孩子，生理的、心理的发育都还在完善，他们有很多自身难以控制或者不可避免的思维局限。不要总是用大人的想法来猜测甚至强加于他们，他们需要的更多的是帮助。

想方设法鼓励孩子认错

那么,孩子犯错之后,如何鼓励他们认错呢?

第一,让孩子明白,承认错误是好孩子的行为。家长要对孩子说明,承认错误是好孩子的行为,鼓励孩子主动认错。

列宁,俄国十月革命的领导人,第一个社会主义国家的创始人。1887年,列宁的哥哥因参与谋刺沙皇亚历山大三世而被杀害,从血的教训中,列宁增强了与沙皇专制制度斗争的决心。1891年,他在萨马拉城组织了当地第一个马克思主义小组。1893年8月,他移居圣彼得堡,从此开始了轰轰烈烈地推翻沙俄腐败统治的革命斗争。1917年,他领导下的布尔什维克创建了世界上第一个社会主义国家——苏联。

小时候的列宁有一个广为流传的故事:

一天,母亲带8岁的列宁到舅妈家去走亲戚。突然有大人发现屋里的一只花瓶碎在地上,母亲猜到是列宁不小心打碎的,因为不久前她发现儿子从这间屋子里慌慌张张地跑出来。

舅妈大声问几个小孩:"谁打碎了花瓶?"

孩子们齐声喊道:"不是我打的!"

列宁也跟着喊:"不是我打的!"

列宁没有承认是自己打碎了花瓶,这让母亲很伤心。按说母亲应该当场揭穿谎言并严厉批评列宁,但她没有这样做。母亲认为,重要的是看儿子能否意识到自己的过失,并主动向大人承认错误,她希望儿子能在想明白后,悔改认错。

母亲一边耐心地等待着列宁认错,一边若无其事地给他讲一些伟人勇于承认错误的事例。3个月后,一天临睡前,她轻轻爱抚着儿子的额头。突然,列宁哭了起来:"妈妈,我骗了舅妈,花瓶其实是我打碎的!"

母亲的等待有了结果,儿子终于鼓起勇气承认自己的过错。这就是列宁母亲一次成功的教育,它彻底洗涤了孩子心灵上的道德"劣迹"。

孩子只有自己承认错误,才是真正认识到了错误,这对于孩子而言是跨出了一大步。家长可以学列宁的妈妈,旁敲侧击,鼓励孩子自己认错,这要比戳穿孩子的谎言让孩子不得不承认好得多。

第二,等待孩子真诚的道歉。"对不起"这三个字,说出来真的需要一些勇气,需要一些历练。在孩子犯错后,家长要"迂回"地让孩子主动道歉,可以对孩子说:"爸爸妈妈知道,能说出真诚的'对不起'是很困难的,但是只要你说出来了,那你就是一个勇于认错、敢担责任的好孩子。"当孩子学会了诚心诚意地道歉时,他也就不会去推卸自

己的责任了。不过,家长一定不要强迫孩子说"对不起",所有的一切是要让孩子最终明白,只有自己真心地感到抱歉了,内心才能真正地舒服和轻松起来。

如果孩子还是难以开口道歉的话,可以教孩子"换一种方式"来说。比如画一张画——在一张大纸上,和他一起写上"对不起"。在他不愿开口的时候,他会想到它。这样做既不会因为强迫孩子开口而造成他的逆反,又能达到让孩子领会精神的效果。

第三,给孩子一个参与解决问题的机会。如果孩子在墙上乱涂乱画,那么家长可以反问孩子:"你说那个做错事在墙上乱画的人应该想些什么办法来弥补他的过错呢?"家长主动提出进入"弥补"的程序,也就暗示了家长虽然不满意但愿意接受孩子的认错和补救,孩子是会用积极的态度来响应的——"我想那个小孩已经答应了一会儿就用刷子把它们刷干净!"

第四,孩子认错后父母要积极鼓励。虽然人人都会犯错误,但是敢于承认错误并为之负责任的人是少之又少,大人尚且如此,更何况是孩子呢。很多父母只会在孩子表现"精彩"时才给予奖励,殊不知,勇于承认错误是很难得的品质。做父母的一定要鼓励孩子勇于承认错误,并给予奖励、表扬。

PART 2
轻松搞定小磨蹭的招数

营造温馨和睦的家庭氛围

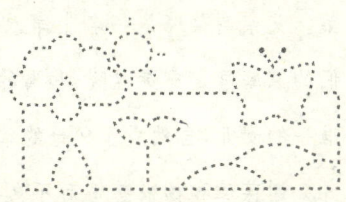

磨蹭的孩子经常会把家里人弄得烦躁不已,这就更需要家长用心去营造一个温馨和睦的家庭氛围。

家庭氛围对孩子来说很重要

父母是与孩子血缘关系最近的人,是与孩子关系最亲密的人,家庭气氛对孩子的成长将起到重要的、潜移默化的作用,一定要注意营造一个良好的家庭气氛。

冰心,原名谢婉莹,当代著名女作家,儿童文学作家。著有诗集《繁星》、小说集《超人》、散文集《寄小读者》等。

1900年10月5日,冰心出生在福建省福州市的一所大房子里,这里生活着她祖父谢子修操持的一个大家庭。

冰心的母亲名叫杨福慈,出身于福建一家世代为学官的书香门

第。父亲谢葆璋是一名北洋水师的军官。夫妻俩感情极好,所以他们的家庭总是充满温暖、和谐的气氛。冰心是他们的长女,也是家中唯一的女儿,自然成了父母的掌上明珠。

谢葆璋和杨福慈婚后不久,就出海远征了。杨福慈边忍受着别离的痛苦,边挑起了家务重担。但不管怎样忙乱,她的嘴角上总是带着微笑,对待子女也总是温柔和善。杨福慈的女红堪称一流,儿女的衣服,都是她缝制的。冰心称她的母亲是"世界上最好母亲中最好的一个"。

有一次,冰心曾问母亲:"妈妈,你为什么这样爱我?"母亲笑着说:"不为什么,只因为你是我的女儿。"

正是这种只讲付出、不求回报的崇高母爱,为冰心姐弟撑起了一片明亮的天空。冰心最怕母亲凝神不动,每当看到母亲稍稍发呆或遥望窗外的时候,她就会跑过去,摇着母亲的身体,喊着:"妈妈,你的眼睛怎么不动了!"有时母亲想让女儿来抱她,就会故意凝神不动。

冰心经常与母亲紧紧依偎在一起,有时说些甜蜜而知心的悄悄话,有时母亲教她读书认字,有时是母亲给她讲那些悲欢离合的故事……最使冰心难忘的还是母女共读一本书的情景,她们为故事情节中的欢喜场面开怀大笑,又为那些动人的故事而流泪。这份海洋般深沉的母爱,不仅滋润了冰心童年时代的心田,也影响了她一生的情感。

PART 2
轻松搞定小磨蹭的招数

在冰心的作品中,人们不难发现,展现最多的就是那温馨的母爱之光。

冰心的父亲谢葆璋,虽说是一位行伍出身的海军军官,却也是舐犊情深,对自己这唯一的女儿充满了柔情,舍不得让女儿吃一点苦。当谢家的伯母、叔伯母们催促着要给冰心扎耳洞时,谢葆璋怕女儿疼,便借口说:"你们看,她左耳垂后面,有一颗聪明痣,要是把这颗痣扎穿了,孩子就变笨了。"

谢葆璋还不让给孩子穿紧鞋。小冰心深知父亲对她的疼爱,所以,刚一感到鞋子有点紧,便故意在父亲面前一瘸一拐地走。父亲一看,就会马上埋怨妻子:"你又给她小鞋穿了!"母亲生气了,把剪刀和纸裁的鞋样都推到他面前,说:"你会做,就给她做,将来就是长出一对金刚脚,我也不管!"不料谢葆璋真的拿起了剪刀,去剪鞋样,逗得冰心和母亲都笑起来。

父母之爱,一直是冰心创作的动力源泉之一。直至晚年,冰心还一直深深地怀念着父亲与母亲。

冰心是幸福的,父母都非常疼爱她,时常陪伴在她的身边,这样和睦的、充满爱的家庭对她情感的养成及以后的创作都起了重要的作用。家庭氛围之于孩子的影响不用多叙述,家长要尽自己所能,给孩子一个温馨的家。

家庭氛围的营造需要注意的几个方面

家中有一个磨蹭的小孩,在家庭氛围方面要注意些什么呢?

第一,家庭成员之间应相互关心,相互帮助。家中有个磨蹭的孩子,那么必定很磨人,所以家庭成员之间要互相关心,互相帮助,妈妈和小磨蹭"耗"时,爸爸要接手妈妈的活儿;奶奶和小磨蹭"耗"时,爷爷可以去帮一把小磨蹭,让他速度快一点。总之,家庭成员要多多努力,共同合作。

第二,父母不要在孩子面前发生冲突。小磨蹭总是会引发很多家庭矛盾,父母要尽量避免在孩子面前发生冲突,吵吵闹闹,甚至打架。这样会让孩子受到惊吓,手足无措,不知道怎么办才好。

第三,要力求使家庭的气氛保持一种轻松的状态。若家庭气氛太沉闷、太压抑,对孩子的心理发展是不利的。磨蹭的孩子总是容易惹爸妈生气,如果父母在外面有什么不顺心、不愉快的事,不应该将它带回家里来,更不应该趁着孩子不乖的时候朝孩子发泄。父母给孩子学习方面的压力也不要太大,孩子放学回来,父母也要和孩子一起聊聊天,活动活动,看看电视,这样看起来好像耽误了时间,实际上调剂了生活,活跃了气氛,终究是得大于失的。

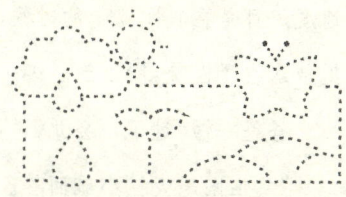

学会向孩子道歉

孩子有了自己的是非观念,当感到被冤枉了或者受委屈了,就会产生希望得到道歉的心理需求。作为父母应该要懂得,道歉并不仅仅是在公共场所使用的外交辞令,在自己家庭里也应是必不可少的言语习惯。如果父母因为误解孩子的言行而指责孩子,或是由于父母不小心使孩子受到伤害的时候,都应该向孩子道歉。

小航平时做事慢腾腾的,没少受爸爸的训斥。这次,爸爸要带着小航去参加音乐会,让小航放学后直接去他单位找他,然后两人一起去参加音乐会。可是爸爸左等右等,过了约定的时间将近一个小时了,还没见小航的身影。终于,30分钟后,小航急匆匆地向爸爸跑来。

"你怎么回事,迟到了这么久!"爸爸没好气地说道。

"我……"小航正想解释,却被爸爸打断了。"肯定又是你放学的时候磨磨蹭蹭!"

小航赶紧摇头,说:"不是,这次我知道不能晚,所以特意加快了

速度。可是在我刚要走的时候,同桌突然疼得直打滚,我和老师一起把他送去了医院,所以晚了……"

爸爸一愣,过了一会儿,说:"是吗?他是什么病啊?"

"急性阑尾炎!"小航回答。

"哦……"爸爸张了张嘴,想跟孩子道歉,可是始终没有说出来,"我们回家吧!"

小航委屈地跟着爸爸坐车回家了,父子俩一路沉默。

小航的爸爸之所以没有把"对不起"说出口,可能是觉得自己向孩子认错、道歉,会很失面子,这种担忧其实是多余的,家长如果学会向孩子道歉,对教育子女无疑是大有裨益的,既是对自己行为负责的一种表现,也为孩子的为人处世做出了榜样。

日本著名诗人石川啄木,有一次因心烦出手打了小女儿,恰好被在外屋的次子立雕看见了,他就挺身而出批评父亲不该打小妹,并且说:"你自己是搞民主运动的,天天讲民主,怎么在家里就动手打人呢?"石川啄木开始一愣,静坐沉思少顷后,走到立雕面前,神情十分严肃认真地说:"我错了,不该打小妹,我小时候父母就是这样管教我的,所以我也用同样的办法来对待你们。希望你们记住,将来不要用这样的方法对待你们自己的孩子。"

这样的道歉,无疑使父亲在孩子们心目中的形象更加高大!

日本横滨一位父亲在报上刊登了一封题为《给儿子的"道歉信"》:"看了昨天你给我的信,对我震动很大,最近一段时间来,我的性格变得很暴躁,漠视了你的感受。在此,请接受我深深的歉意。给我一次机会,让我们像朋友一样说说心里话。看到这封信,就给我打电话,好吗?永远爱你、惦记你的父亲。"

我们可以相信,当儿子看到父亲这封"道歉信"后,肯定会为父亲这种自责反省、愿与儿子平等对话的勇气所折服。如此运用广而告之的形式向孩子道歉,虽不提倡,倒也可谓情真意切!

在一个家庭中,父母如果从来不向孩子承认自己的缺点和过失,那么他的孩子就会产生父母"看似永远正确但实际上老出错"的观念,时间一长,就会把父母正确的教诲置之脑后。但父母如能在自己对孩子做错事之后,立刻郑重地向孩子认错、道歉,那孩子就会懂得承认错误并不是什么可耻的事情。

♥ 无论何时承认错误都不晚

很多父母在孩子"闯祸"之后,往往由于一时冲动,对孩子进行了

不恰当的、过重的批评或惩罚,但在事后又觉得很后悔,可是没有及时道歉,随着时间的推移,觉得更没有道歉的必要。其实,如果父母真的做错了,一定要向孩子承认错误,无论何时都不晚。

卡哈被称为是"西班牙王国上空的一颗光辉灿烂的巨星",他的成长就很好地说明了这一点。

十几岁的卡哈十分调皮,当他运用自己所学的知识造了一个"真"的大炮时,没想到,一发射就把邻居家的小孩给打伤了,于是他就被罚款和拘留了。

当他从拘留所出来后,身为外科医生后通过刻苦自修当上了萨拉大学应用解剖学教授的父亲,把他这个"顽童"着实训斥了一顿,并责令他停止学业,学补鞋子。

后来,父亲越来越觉得这样的处罚过于严厉,孩子闯了祸是要管教,但不能因噎废食。

于是,一年后,父亲上修鞋铺接回了卡哈,他搂着孩子深情地说:"我做得不对,我向你道歉。我不该因为你闯了一次祸就中断你的学业。从现在起,你就在我身边学习吧,你会有出息的!"

从此,卡哈潜心学习骨骼学,终于成为举世瞩目的神经组织学家并荣获了诺贝尔奖。

父母要对自己做错的事道歉,不论何时,并及时改正自己的行为,这样才能教育好孩子。

💗 道歉的注意事项

向孩子道歉并不是简简单单一句"对不起"那么容易,"道歉是一门艺术",尤其是父母向孩子道歉的时候,更需要注意自己的态度和技巧。

邓小平的父亲邓绍昌是一个精力充沛、乐观向上并喜欢社交的人。在家里,他严格而又谦和。他对孩子们的训诫是严厉的,但当孩子们犯错误时,他仍愿意倾听他们的陈述。

邓小平8岁时的一天,在放学回家的路上,一个和他很要好的同学因为妹妹生病又无钱看医生而急得哭了起来。第二天一早,邓小平一走进教室,就立刻跑到那位同学身边,悄悄塞给他5块银圆。这5块银圆是邓小平从父亲的钱箱里偷偷拿出来的,在当时这笔钱可以买到500斤谷子,也算是一笔"巨款"了。

过了好几天,邓绍昌发现钱箱里莫名其妙地少了5块银圆,非常生气。他把全家人包括佣人都叫来打算彻查此事。父亲还没开口,邓小平很自觉地站了出来,并主动把一根棍子递给父亲。邓绍昌以

为儿子拿钱乱花了,一生气顺手接过棍子就把邓小平打了一顿。

邓小平一声没吭地挨完了打,父亲见状,也渐渐地消了气,并觉得事情很蹊跷。他把邓小平找来,想把事情弄个水落石出。邓小平这才把事情原委详细地告诉父亲,他说:"同学的妹妹生了很严重的病,他家很穷,没钱看大夫……"

还没等邓小平把话说完,父亲就把他拥在怀中,高兴地说:"儿子,你做得对,父亲错怪你了。我不应该不分青红皂白地就打你一顿。但是为什么我惩罚你的时候,你不把事情的原委早点告诉我呢?"

邓小平说:"我的行为还是属于偷窃,您告诉过我,小偷是应当受到惩罚的,所以我应该挨打。"

父亲摇摇头说:"儿子,你能主动帮助别人,而且很诚实,这是对的。但是,遇到了急难的事情而不信任自己的父亲,那就不对。你要拿钱帮助同学,应该先跟我说。"

邓小平点点头。父子俩相视而笑。

邓小平的父亲就很有道歉的艺术,首先,他把儿子拥入了怀中,然后带着真诚,轻松自然地和孩子说"我错怪你了",并且把自己的错处说得非常清楚——"不应该不分青红皂白地就打你一顿",这样孩子更容易接受大人的道歉。

总的来说,家长在道歉的时候要注意:

第一,向孩子道歉的时候,态度一定要真诚。态度不真诚会让孩子有被轻视、被敷衍的感觉。道歉的目的是获得孩子的原谅,如果家长能说出孩子受委屈、被误解的感受,孩子是会感受到家长的诚意的。

第二,向孩子道歉,一定要实事求是,说清楚哪里错了。在道歉的过程中不能放大自己的错误以取悦孩子,也不能在道歉时加以申辩,这样孩子会以为家长在为自己找借口。

第三,发脾气的同时不要向孩子道歉。发脾气时,父母和孩子的情绪都比较激动,而道歉是应该在理智状态下进行的。从发脾气到道歉这个过程中的反思期,对父母认识错误和孩子理解父母都有好处。

另外,有的父母开朗、豁达,能很轻松地向孩子道歉;有的父母可能内向、拘谨一些,不容易表达出自己内心的歉意。其实家长可以采取多种多样的方式,比如:抱住自己年幼的孩子,在孩子耳边轻轻地传达歉意,也表达爱意;或是准备一个本子,平时用来跟孩子敞开心扉,传递感情,错了的时候用来传递自己的歉意;还可以给孩子写一个小纸条或者一封信来向孩子道歉;也可以用实际行动来弥补过失表达歉意,如遗忘了对孩子的承诺,在下次承诺时一定要慎重。

学会跟孩子道歉,真诚的道歉会使受到委屈的孩子的心灵得到安慰,会让孩子感觉到自己拥有一个真诚、可信赖的好父母,家长和孩子就会有一个良好的亲子关系。

和孩子一起进步

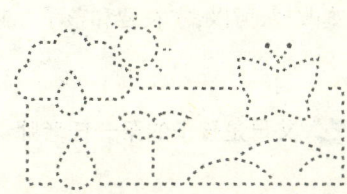

达·芬奇曾说过这样一句话:"教育孩子,首先从改造孩子的母亲开始。"也就是说,父母将直接影响孩子的身心发展。

婷婷做事磨磨蹭蹭,有一天,妈妈带着她在小区的健身区玩耍时,碰到了女邻居。婷婷妈妈对着女邻居抱怨:"这孩子做事特别磨蹭,我都快被她逼疯了……"

"那你想办法帮她改改啊!"女邻居说。

"没办法……她爸爸就是个大磨蹭,我估计是遗传,反正我是想尽了办法也没用。"婷婷妈妈边摇头边说。

女邻居想了想,说:"那你应该让孩子的爸爸先改掉这个坏习惯。家长是孩子最好的老师,上梁不正,你让下梁怎么可能不歪呢?"

婷婷妈妈怔了怔,点头同意。

家长的磨蹭,可能会带动孩子变得磨蹭,让孩子的这个坏习惯很难改掉,所以,家长要和孩子一起进步,改掉自己身上的坏习惯。

父母是孩子的第一任老师

父母是孩子的第一任老师,家庭是孩子成长的第一环境,也是亲子关系建立的基础。个体在孕育的那一刻起,就在母体中接受着影响和教育,当孩子出生后,家庭对孩子的影响将伴随着他的成长,而此时家长自身素质的高低就显得尤为重要了。

丁玲,湖南临澧人,现代女作家。代表作有长篇小说《太阳照在桑干河上》等。

丁玲4岁时,父亲病逝,她由母亲一手拉扯大。母亲是一个受过良好家庭教育的新女性,她能读会画,多才多艺,喜爱文学,因受进步思想的影响,她的思想也是非常开明的。

母亲常告诉丁玲,女人也要读书识字,也要工作,也要参加革命。当时还很小的丁玲并不知道母亲给她讲的这些话是什么意思。

丁玲的启蒙教育是由母亲进行的。在家里,无论干什么,母亲都会带上丁玲,教她唱歌,教她背诵诗句,还不时地以故事的形式向她讲解诗句的意思,每每这时候丁玲都会听得特别入神。5岁的时候,她已经能背诵好几十首唐诗了。

PART 2
轻松搞定小磨蹭的招数

因为母亲,丁玲阅读过很多的书籍,尤其是一些文学类的。有时,母亲也会拿起书本,将书中的内容读给丁玲听。虽然小小的丁玲有时还听不太懂,但从小的耳濡目染,奠定了她以后在文学方面取得非凡成就的基础。

从小听了母亲讲的许许多多的故事和知识,培养了丁玲的想象力,在她稍大一些的时候,她就能编出许多动人的故事来了,这时候,母亲便成了她最忠实的听众。

随着丁玲的日益成长,母亲觉得自己所学的知识已经不够应付聪明的女儿了。为了女儿将来的发展,她决定送女儿去城里的一所学校读书。不仅女儿要读书,她自己也要读书,因为她也需要进步。

母亲的行为引起了当时广泛的议论,当然非议是多数的。一些封建的遗老遗少们常在她们母女俩背后指责:"一个寡妇还进学堂,招摇过市的,成何体统!简直有失身份!"

母亲顶着压力,全然不顾,照样跟女儿一起上学放学,回到家里两人还一起讨论当天所学的知识。小丁玲非常敬佩母亲的勇气,所以她对学习也不敢懈怠,她可不想输给母亲。

1919年,五四运动爆发,母亲毅然地参加到了游行队伍中。看到母亲的爱国热忱和革命精神,丁玲受到鼓舞,回家后立刻将长长的头发剪掉,也投身于反帝反封建革命的大潮中。

母亲看到丁玲的装扮,稍微怔了一下,丁玲马上向母亲解释说:"我也要像你一样,冲破封建的束缚,投入到革命的战斗中。"母亲看到女儿英姿勃发的样子,非常欣慰,拉起女儿的手说:"好吧,让我们成为革命的战友吧。"

母亲和丁玲一起进步,她们俩真的就是学习上的朋友,革命中的战友。

在母亲的教育与培养下,丁玲不仅在文学方面取得了很大的进步,经过五四运动的洗礼,她的思想也有了显著的改变。后来丁玲出任了"左联"机关刊物《北斗》主编及"左联"党团书记。这一时期她创作的《水》《母亲》等作品,显示了左翼革命文学的实绩。后来,她还在陕北历任西北战地服务团团长、《解放日报》文艺副刊主编等职,并先后创作了《一颗未出膛的枪弹》《夜》《我在霞村的时候》《在医院中》等解放区优秀文学作品,为解放区文学的蓬勃发展作出了伟大的贡献。

丁玲在母亲的影响下,取得了很大的成就。为了孩子更好地成长,家长要和孩子一起进步,努力提高自身素质,改掉拖拖拉拉、磨磨蹭蹭的坏习惯。

家长需要提高的几个方面

第一,不断学习新的科学文化知识。当今时代文化科技日益发

达，知识不断更新。即使高学历的人，如不继续学习，也会跟不上时代的要求，也存在知识老化的问题。孩子的求知欲相当强，经常提出一些稀奇古怪的问题，所以家长要善于学习，使自己成为孩子求知的良师，不仅为孩子做了榜样，也保护了孩子学习的积极性，同时也提高了自己。这一点，不光是磨蹭孩子的家长，其实，是所有已经升格为父母的人都应当做到的。

第二，积极学习家庭教育知识。磨蹭孩子的家长要多主动购买家庭教育方面的书报刊，参加家庭教育讲习班，了解家庭教育的内容、方法、原则，并用科学的家教理论指导自己的家教实践。勤于思考家教中的"为什么"，不断总结家教中的经验教训，注意同他人交流教育子女的心得体会，而不是盲目地教育子女。

第三，加强良好的心理素质。家长的心理素质会通过各种渠道对孩子有意无意地产生影响，磨蹭的孩子经常会惹父母生气，所以家长的心理素质要过硬，要能够面对各种情况。为了做好家庭教育，家长尤其应在信心和勇气，爱心和热情，理智和宽容，恒心和耐心等方面提高自我素质。家长作为孩子的第一任老师，应具备良好的心理素质。

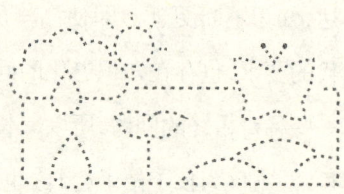

家长要自我提醒"别着急"

磨蹭孩子的性格不是一天养成的,也不可能一天改变,所以家长要在生活中时常劝自己"别着急",一来是平衡自己的情绪,二来是不给孩子太大的压力。

❤ 审视自己是否太着急

有的家长自己就是急性子,对于孩子的正常速度总是觉得"慢",这其实不是孩子的错,而是家长自己的错!所以家长首先要审视自身,看看自己给孩子所定的标准是否正确,或者说,判断孩子磨蹭的标准是否正确。

PART 2
轻松搞定小磨蹭的招数

❤ 偶尔迁就孩子慢一点也没关系

家长对磨蹭孩子总有着各种各样的要求,适当的时候,宽容孩子一下也没关系。比如当孩子过生日时,那么她慢慢腾腾挑选自己喜欢的衣服,请你别催促;当孩子考完试,悠哉游哉地走在回家路上的时候,也请你别催促……偶尔迁就一下孩子,有什么不可以呢?不过这种迁就只能是偶尔,磨蹭始终是一个不良的习惯,家长还是要想办法纠正的。

❤ "慢"是一种生活方式

当被磨蹭孩子气得不行,拼命催孩子"快点快点"的时候,请转念想一想——慢,也是一种生活方式。

法国大餐是世界顶尖美食之一。能够在巴黎凡尔赛宫吃上一顿正宗的法国大餐,那是你一生的荣耀!因为那是给贵族们预备的。但是,它有一样令人难以忍受,就是慢,极慢!全套大餐共二十多道菜,都是珍馐美馔。每上一道菜,你都要一小口一小口地吃,慢慢品尝;红酒是波尔多的,年份五十年以上,你也要一小口一小口地抿,慢

慢地品尝,你要不品出个子丑寅卯来,绝不给你上第二道菜。还有,席间,你还要不断地说一些高雅的话,赞美味道,赞美厨师,赞美主人……如果用很快的速度吃,那么对它而言是一种亵渎。

——慢生活!

日本的茶道世界闻名,但很少有人知道它源自于中国闽南、潮汕一带的工夫茶。工夫茶简单实用,虽然其中不乏"关公巡城""韩信点兵"等名堂,但究其本质是重在品茗。而日本的茶道就大不一样了,它经过数百年的变化,衍生出一大堆的繁文缛节,一套一套的,观赏一次茶道表演也得花上大半天的时间。

——慢生活!

其实,你只要稍加留意,便会发现身边就有许多慢生活的例子。

打高尔夫球——慢生活!

瑜伽健身——慢生活!

垂钓,愿者上钩——慢生活!

"采菊东篱下,悠然见南山"——也是慢生活!

寺院中的僧人,道观里的道长,他们更是慢生活一族。在这个物欲横流、喧嚣浮躁的社会中,他们属于另类,长年与古佛青灯相伴,在晨钟暮鼓的舒缓旋律中用整个生命去探求宇宙和人生的真谛……

总而言之,慢生活不论是世俗的还是另类的,都讲求一个悠闲自

在,怎一个"慢"字了得!慢,可以放松筋骨,也可以卸载压力;可以修炼意志,也可以陶冶性情;可以冥想探幽大千世界,也可以返璞归真、延年益寿……

明白了慢也是一种生活方式,可以让家长本来激动、急躁的情绪平复下来,微微一笑,重新思考教子良策。

NO.5　纠正孩子日常生活中的磨蹭习惯

孩子赖床怎么办

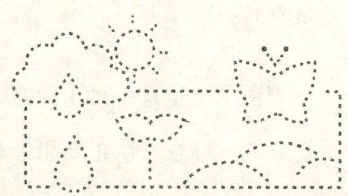

赖床的孩子往往都是爱磨蹭的孩子,这个坏习惯经常弄得家长"苦不堪言"。家长们操碎了心,而孩子却认为家长在"瞎着急"。怎样改变那些每到上学时间却还赖在床上,怎么喊都不起床的磨蹭孩子呢?

❤ 家长和孩子都要明确赖床的危害

孩子赖床的时候,家长除了"头疼"以外,大多没有意识到其对孩子身心造成的危害,有的家长甚至还认为,平时不赖床,节假日让孩子赖床是正确的做法。事实并非是这样。

赖床的危害有以下几点:

第一,影响胃肠道功能。一般早饭在7点钟左右,此时晚上吃的食物已基本消化完,胃肠会因饥饿而引起收缩。爱睡懒觉、赖床的孩子宁愿肚子饿也不愿早起吃早饭,时间长了,易引发慢性胃炎、胃溃疡等,也容易消化不良。

第二,影响肌肉的兴奋性。经过一夜的休息,早晨肌肉较放松。醒后立即起床活动,可使肌肉血液循环加剧,血液供应增加,从而有利于肌肉纤维的增粗。而赖床的孩子肌肉组织长时间处于松缓状态,肌肉的修复力差,代谢物未及时排除,起床后会感到腿酸软无力,腰部不适。

第三,总睡懒觉的孩子在上学以后其记忆力会受到影响,学习效率降低。因此,"黎明即起"是一种良好的生活习惯,即使是在节假日也要保持正常的生活规律,按时睡觉,按时起床。

那么,为什么在节假日也最好不要让孩子睡懒觉呢?

节假日睡懒觉会打乱孩子的生物钟节律。正常的人体内分泌及各种脏器的活动,有一定的昼夜规律。这种生物规律调节着人本身的各种生理活动,使孩子在白天精力充沛,夜里睡眠安稳。如果平时生活较规律而到假期睡懒觉,会扰乱体内生物钟节律,使内分泌激素出现异常,脑垂体分泌的激素水平也会波动,结果白天激素水平上不去,夜间激素水平下不来,使大脑兴奋与抑制失调,造成夜不能寐,而

白天却心绪不宁、疲惫不堪。长时间如此,孩子则会精神不振,情绪低落。

❤ 家长要以身作则

多数爱睡懒觉的孩子,他们的爸爸妈妈也有同样的习惯。

萍萍爱睡懒觉,她的妈妈也一样。早上,闹钟响了,妈妈睡意迷蒙地看了下时间,然后依旧闭上眼睛,用手推一推睡在身旁的萍萍,说:"女儿,起来了,6点了。"萍萍也迷迷糊糊地回了声:"嗯!"一个小时后,妈妈突然睁开眼睛,紧张地拿过闹钟,大叫一声:"糟了,7点了,今天又要迟到了!"惊呼声把萍萍的瞌睡虫也彻底赶走了,两人急急忙忙地胡乱穿衣服起床……

不管什么原因,家长都最好不要赖床,父母也要给孩子做出好榜样。有些家长在孩子就寝时间一到,就急着赶孩子上床睡觉,自己的眼睛却还猛盯着电视,或还在忙东忙西。其实父母这种做法会让孩子有"孤单"或"不公平"的感觉,而且孩子会有"为什么只有我要去睡觉"的疑问,加上孩子对成人的活动充满好奇,当然也就降低了睡觉的意愿。因此,只要到了睡觉时间,全家人最好都能暂停进行中的活动,帮助孩子酝酿睡前的气氛。

❀ 提早孩子的睡眠时间

观察一下孩子需要多长时间的睡眠,再由早上的起床时间往前推算,确定前一天晚上的睡眠时间。比如孩子睡 10 个小时,需要早上 7 点起床,那么前一天晚上 9 点必须入睡,最好能 8 点半就上床。这样,孩子第二天早上才能比较容易睁开眼睛。务必将睡觉和起床的时间固定下来,形成习惯。

❀ 掌握唤醒时间

睡眠一般都要从浅睡期过渡到深睡期;而醒来时,要从深睡期过渡到浅睡期,渐渐完全清醒。在深睡期,人的大脑完全处于"休眠"状态,对声音的反应非常迟钝。如果这时呼唤孩子起床,孩子的态度多半是"不予理睬";即便是睁开眼睛、坐起来,大脑仍处于浅睡的状态,会随时倒下再睡。因此,家长要掌握孩子的睡眠规律,掐准唤醒时间。如果孩子早上睡得比较沉,家长可以早于规定的起床时间叫孩子一次,然后再给孩子 15 分钟时间小睡;这样,第二次唤醒孩子就比较容易。

给孩子放一段唤醒音乐

音乐能刺激大脑中氧与血液的流动,让身体也想"动"起来。在起床前家长可以给孩子放一段轻松、欢快的音乐,10~15分钟即可。比如莫扎特的小提琴协奏曲、肖邦的奏鸣曲或者约翰·施特劳斯的《蓝色多瑙河》,也可以播放一些配乐的儿歌,使孩子对这些熟悉的声音建立起条件反射——知道起床的时间到了。

温馨地"骚扰"孩子

在起床前10分钟,家长不妨把手伸进孩子的被子里,挠挠他的小脚心、捏捏他的小脚趾,然后再自下而上,给他的小腿、大腿、肚子或后背、脊椎、头做做按摩。一边按摩一边说:"天亮了,太阳公公出来了,新的一天开始了,孩子也该上学了……"也可以反复亲吻孩子的额头、耳朵、脖子,用这种方式协助孩子醒来。

让"第三者"担起唤醒任务

很多孩子喜欢小动物,家长可以索性顺从孩子的意愿,比如养一

只小兔子、一只小鸡、一对鹦鹉、几条金鱼。清晨,招呼孩子去看看自己的动物朋友:"你的兔乖乖、鸡孩子……醒了、饿了,快去给它们喂吃的吧。"孩子多半会一骨碌爬起来,急忙穿好衣服。

❤ 用"美食"诱惑孩子

香味在一定程度上能唤醒沉睡的大脑,赶走睡意和疲劳。所以,在孩子起床前,家长可以着手做一顿丰盛的、香喷喷的营养早餐,让扑鼻的香气弥漫整个房间。有了这个"铺垫",再在孩子耳边温柔地说上一句:"想不想尝尝妈妈做的中式比萨?"抵不住"美味"的诱惑,孩子很可能迫不及待地起来饱餐一顿。

❤ 给孩子买一个可爱闹钟

帮孩子买一个闹钟,让他挑选自己喜欢的铃声,那么孩子早上听到闹钟响起的声音时,可以减少起床的不悦感。使用闹钟可以有效帮助孩子建立自动起床的习惯。根据专家研究,同样一种行为坚持21天,就会成为习惯。因此,父母可以给孩子一个闹钟,放在孩子需起身离开床才能拿到的位置,帮助孩子建立自行起床的习惯。

杜绝孩子的隐痛

孩子有时会因为身体不适,或情绪上的不稳定而影响睡眠品质。然而,身体状况比较容易观察,父母要多留意情绪上的问题。有些孩子因为年纪还小,表达能力还不是很好,如果在学校受到挫折,不懂得该如何表达,再加上父母没有多加留意,孩子的情绪也会间接反映在孩子的睡眠品质上。遇到这种情况,父母要及时搞清楚问题的症结所在,比如是不是孩子不喜欢在学校睡午觉、挨了老师的批评或者和小朋友发生了摩擦……而后,化解孩子心中的疙瘩。

提早起床发泄

如果孩子起床时脾气很大,一被吵醒就会大哭大闹,而上述的任何方法都不管用时,家长只好提早叫孩子起床,先让他发泄一顿再说。在他哭闹的时候,家长不要责骂他,试着让他一个人宣泄情绪,等他闹够了,先安抚他,再去做出门前的准备工作。

PART 2
轻松搞定小磨蹭的招数

孩子吃饭磨蹭怎么办

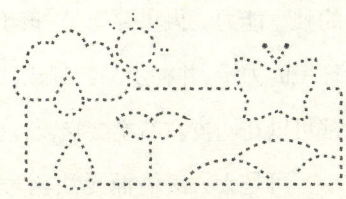

孩子吃饭磨蹭也是爸爸妈妈头疼的大问题。以前孩子小的时候,爸爸妈妈追着孩子喂,速度自然快不了;现在孩子大了,却对吃饭提不起兴趣,一碗饭要来回热好几遍……如何让孩子吃饭不磨蹭?让孩子学会独立用餐,并且培养孩子良好的用餐习惯是关键。

❤ 成全孩子的独立意愿

从儿童生理、心理发育的过程来看,孩子具有天生的独立意愿。在一岁以后,孩子的自我意识开始萌动,会表现出较强的自我独立愿望,如爱说"我""我来"等字眼。他们渴望做一些事情,在学会走路的同时,他们开始想学着吃饭,而且要自己拿着汤匙吃,不愿得到大人的帮助。和走路、玩玩具一样,自己吃饭也是求知欲和好奇心的表现。正是这种求知欲和好奇心扩展了孩子的认知范围,培养了他们

的独立能力。更重要的是,孩子通过自己的行为感到自身具备影响环境的力量,并初步品尝到成功的滋味。一般说来,发育正常的孩子都可以在两岁左右学会吃饭,这是他们应该具备的生存能力。

可是大人满溢而无法割舍的爱一次次地剥夺了他们的独立意愿、独立行为。有的父母或老人心疼孩子,凡事总爱包办代替,总说孩子还小,长大自然就会了。就从自己吃饭这件事来说,如果大人总是过分主动,孩子自然就会相应被动,久而久之,不仅在吃饭这件事上总处于被动状态,甚至连性格和其他行为习惯都会变得被动起来,缺乏自信,自理能力差,依赖性越来越强,责任心淡薄。这对孩子身心的健康发展都是不利的。

豆豆和妈妈一起到小伙伴乔乔家做客。乔乔的妈妈是一个厨师,中午的时候做了一桌子好吃的,咕咾肉、拔丝土豆、海带冬瓜汤……4个人围坐在饭桌旁,阵阵饭香让豆豆和乔乔的口水差点儿流了下来!

2个小朋友的面前都摆了一碗米饭,豆豆看见米饭就对妈妈说:"妈妈,你喂我……"妈妈二话没说地拿起勺子喂豆豆。一旁的乔乔看见了,对豆豆说:"豆豆,羞羞,要妈妈喂……"

难道乔乔不要妈妈喂?豆豆的妈妈惊讶极了!

只见乔乔自己坐在高椅子上,煞有介事地捧了一个碗,拿了一把

勺。一开始豆豆的妈妈还以为那只是娱乐她的一套把戏呢,谁知乔乔可真的自己用勺吃饭。

乔乔的碗是一个大塑料碗,想必是乔乔的妈妈为了尽量减少饭食掉在地上的可能性;勺是一把小小的塑料勺,一勺正好一口;菜是和其他人一样的,只是切成了小块。

乔乔的样子十分笨拙,每送一次饭到嘴边,看的人都忍不住把自己的嘴也张得大大的,担心她会喂错了地方,想伸手帮她一把。但是,豆豆妈妈很快就发现,所有的担心都是多余的,她是那样享受自己吃饭的乐趣。

乔乔吃的时候间或会停下来,自己说说话,惬意地喝一小口杯里的果汁,或者不满地敲敲碗沿,提醒别人她的存在。那样一个小小人儿,在没有任何人帮助的情况下,独立吃完了一餐饭。高椅子和地上满是饭菜的残渣,她的小脸也花得一塌糊涂,但是她一脸的开心和满足。

豆豆妈妈对乔乔妈妈表示了惊讶,但乔乔妈妈却不以为然,说从乔乔七八个月开始,就有意识地让她自己喂食小块的固体食物,比如煮得软软的胡萝卜、西兰花,再到面包片、小饼干。如此这般,到乔乔一岁多的时候,她就差不多能独立吃完一餐饭了。

豆豆妈妈听后,看看自己的宝贝儿,同样是2岁的孩子,豆豆却

一直要喂饭。每到吃饭的时候,家里的大人就要有一个人专门喂他,孩子吃得开心,大人却累得要命,有时候真是害怕吃饭时刻的来临。几次想让孩子自己吃,可是都觉得孩子可能太小,再喂一阵子吧!看着乔乔的妈妈和自己的孩子吃饭这么轻松,豆豆妈妈决定从明天开始,慢慢培养豆豆独立用餐。

当你看到故事里的乔乔坐在餐桌前,手里握着勺子,张大嘴巴,自己认真地吃饭时,说不定也像豆豆妈妈一样羡慕极了。"哎呀,这个孩子真乖,这家大人真是太省心了。我的孩子要能这样就好了。"再想想自己的孩子吃饭总是要大人追在后面喂,真是伤透脑筋。要想让孩子学会自己吃饭,也不是一件很难的事,只要爸爸妈妈能够成全孩子的独立意愿,在适当的时机放手让孩子学习吃饭就好了。孩子经过自己的努力吃饱了,他会由此产生成就感,这会帮助他长大后更自信。即使孩子暂时没有把饭吃下去,他有了失败的体验,也是好事,这样可以增强他的心理承受能力,将来更好地适应社会。

在让孩子学习独立用餐的过程中,家长要注意以下几点:

第一,孩子能自己吃了,就不要再喂他。孩子能独立地自己吃了,有时他反而想要妈妈喂。这时,如果你觉得他反正会自己吃了,再喂一喂没有关系,那就很可能前功尽弃。如果他坚持让你喂,你可以简单地喂他几口,然后漫不经心地表示他已经吃饱了。这样,他如

果想吃的话，就得自己吃。

第二，不要害怕打扫卫生。父母要了解并时刻注意到脏乱是孩子学吃饭的正常现象，这阶段孩子正在协调使用自己的手和眼睛，但尚不熟练，不能像大人或大孩子那样在饭桌上讲礼貌，孩子很可能会把饭菜撒得一身一地。其实，如果有时间，家长可以耐心地看着孩子把食物弄得满嘴满脸，甚至全身，因为那是孩子提高的时刻，家长可以及时抓住这一时机，训练孩子使用眼和手的技能，培养自理能力。另外，为使父母不忙于为孩子洗衣和擦地，在孩子吃饭前可以给孩子带围嘴儿或穿上易洗的衣服，用前面有托盘的椅子，或在易清洗有垫板的桌子上吃，也可以把报纸铺在地上，然后准备一块半干的布，以便随时给孩子擦嘴擦手。

第三，及时说出鼓励的话。当孩子能够比较自如地完成独立用餐的动作后，要及时鼓励孩子，夸奖他说：孩子真能干，自己会吃饭了。这会让孩子产生一种成就感，也有助于孩子自信心的培养。

❤ 改掉孩子挑食、偏食的坏习惯

挑食、偏食无疑会拖慢孩子的进餐速度，家长要帮助孩子改掉这样的坏习惯。

第一,允许孩子在开饭前吃菜。家长可以在未开饭前让孩子先吃些菜,可以是孩子不讨厌又不特别喜欢的健康食品,如青菜、没有刺的鱼肉等,这时孩子肚子较饿,东西比较容易入口,最后才端上他最喜欢吃的菜。如果孩子已经吃菜吃饱了,少吃些饭也没关系。

第二,告诉孩子他什么都爱吃。小的时候,孩子对一些没有见过的菜会问:"妈妈,这个好不好吃?""好吃,孩子一定爱吃!"妈妈应该这样回答他。这样的回答能令孩子对尝试新的菜并不太拒绝,有效抑制挑食、偏食的情况发生。但有些味道较重的菜孩子不喜欢吃,比如茄子、苦瓜、芹菜等,家长不必难为孩子。随着孩子的味蕾发育不断完善,孩子对营养知识有所认识,会慢慢吃起小时候不爱吃的菜。

第三,当孩子两次拒绝吃这种食物时,就换其他营养类似的食物给他。比如孩子暂时什么蔬菜也不愿意吃,却很乐意吃水果,这时便可以让他多吃水果、麦片等一些蔬菜代用品,甚至维生素片,这样他不会缺蔬菜中含的营养素;比如他们表示对牛奶不感兴趣时,不要没完没了地强迫孩子多喝,这样会让孩子更讨厌牛奶,不少孩子更喜欢喝甜牛奶、果奶和酸奶,换这些品种试一试。

第四,不要因为这个问题在饭桌上训斥孩子。一旦孩子执拗起来,忙碌一天的父母就很有可能着急生气。父母越是着急,孩子吃得就越少;孩子吃得越少,父母就越着急,如此一来,孩子的吃饭成了折

磨人的事,甚至会成为"声讨会"或"教育会"。面对训斥,孩子常常会拒食或吃几口就放下碗筷,说"吃饱了",以此表示自己的不满,这并不全是孩子感情用事,事实上孩子可能确实不想再吃了——发生不愉快的事情或生了气。另据实验表明,当一个人处在愤怒、悲伤、焦虑的状态时,幽门括约肌会反射性收缩,使食物滞留在胃中,导致食欲下降,甚至会造成胃炎。所以进餐时情绪不好不仅会影响食欲,还会降低消化能力,影响孩子的身体健康。所以,进餐时要保持愉快、安静、专心的气氛,父母千万不要因为挑食、偏食的问题在饭桌上训斥孩子。

让宝宝安静、愉快地用餐

安静、愉快的用餐氛围,不仅能够提高孩子的进餐速度,也是一种文明的进餐习惯。

"东方汉斯自助餐厅"的霓虹灯在夜幕下闪烁得格外抢眼,这个自助餐厅就开在陶陶家的小区旁边,这可乐坏了爱吃的陶陶。好几次陶陶都缠着妈妈带他去,妈妈总说没空,这回赶上爸爸的生日,全家人决定在"东方汉斯"给爸爸庆祝生日。

下午5点左右,爸爸妈妈带着兴奋已久的陶陶来到了餐厅。餐

 轻松搞定世界上"最磨蹭"的小孩

厅装饰得十分温馨,五颜六色的气球、打着大蝴蝶结的彩带、各种颜色的小花配着嫩绿的树叶围绕在每张餐桌旁。陶陶一看店里的装饰就开心得哇哇乱叫,爸爸妈妈忙捂住陶陶的嘴巴:"嘘——公共场合不能大喊大叫!"一家人选定了座位之后,他们来到食品区。

食品区里丰盛的菜肴让陶陶目不暇接,各种各样的烤肉、蔬菜、水果和饮料让陶陶再也抑制不住自己的兴奋,早把"公共场合不能大喊大叫"抛到了脑后。他一会儿跑到东,一会儿跑到西,一会儿拉着爸爸妈妈去看他新发现的"好东西",一会儿会发出狼一样"嗷嗷"的叫声,爸爸妈妈怎么说他也不听,同时也影响到了其他用餐的客人。

这时,餐厅的经理来到了陶陶爸爸面前,对他礼貌地说:"先生,请照看好您的孩子。"

陶陶爸爸是个公务员,脸皮特薄,被经理这么"婉转"地一提意见,脸腾地一下就红了。他一把抓过陶陶把他按在了座位上,也许是力气使得大了些,陶陶一个趔趄撞到了椅子,这一撞让陶陶暂时安静了下来,他委屈地看着爸爸,说:"爸爸,疼……"

听见儿子说疼,妈妈立刻走到陶陶的身边,看看陶陶的胳膊,瘀青了一块,便对丈夫说:"你不能跟儿子好好说嘛!"

陶陶爸爸气呼呼地说:"跟他说的还少吗!一到外面吃饭就兴奋得不行,不是跑来跑去,就是说个不停,没个安静的时候!以后再也

不带他出来了!"

一旁的陶陶听后说:"吃饭为什么非要安安静静的?"

妈妈耐心地对他解释道:"这样一方面不影响别人用餐,另一方面也是为你自己好啊!你想,你一边跑来跑去,一边吃饭,吃得慢不说,要是咬到舌头,或者被鱼刺卡到,该多难受啊!"

陶陶听完妈妈的话点点头,对爸爸说:"爸爸,别生气了,陶陶乖,陶陶马上安安静静吃饭,以后千万别不带我出来!"

看到儿子认了错,今天又是自己的生日,爸爸便原谅了儿子,一家人在"东方汉斯"享用了一顿愉快的晚餐。

孩子年龄小,吃饭的时候遇到一点新奇的事情就容易兴奋,拖延进餐速度不说,还会给其他人带来不便。家长该怎么帮助孩子呢?

第一,做好孩子用餐前的"心理准备工作"。每天就餐前,让孩子听听轻音乐或故事,或者玩一些安静的游戏,使孩子的情绪趋于稳定。为了避免孩子在进餐过程中讨论饭菜如何,家长可以事先向孩子介绍今天吃什么菜,喝什么汤,这些饭菜对我们的身体有什么好处等。

第二,大人吃饭也要少说话。吃饭要定时,吃的时候要安静,注意力要集中,这不光是对孩子的要求,家长对自己也要严格要求。吃饭时大人不要说与吃饭无关的话,可以说少量引起孩子食欲的话。

第三,固定孩子的座位。从一岁半开始,孩子在练习用勺子吃饭的时候就可以坐在桌边和大人一起吃饭了。家长要把孩子吃饭时的餐具都摆放整齐,每次都有固定的摆放位置,孩子也要坐在固定的座位上。如果和大人同桌吃饭,大人同样也应有固定的位置。

第四,外出就餐让孩子安静的小妙招。在培养孩子良好的饮食习惯的过程中,外出就餐是必不可少的一项功课。但如果你的孩子像故事里的陶陶一样,外出就餐的时候曾经给你带来过尴尬,那么,下面几个小妙招也许能解决你的难题。

选对地方。很多时候,你所选择的餐厅以及你们到达的时间就决定了这次就餐是不是能够愉快地结束。避开就餐高峰,选择一个非高档餐厅是最明智的。这样不但餐厅服务快捷,而且服务员或者就餐的人也不会因为孩子引起的些许混乱而心生不快。

避免长时间等待。即使在刚进入餐厅时孩子的心情很愉快而且非常合作,但相信这种情况是维持不了多久的。在餐厅的时间越长,就表示"灾难"发生的几率越高。所以,每次外出就餐时最好遵循一条规则:事先打电话预定,让餐厅先备好桌椅并点好饭菜,当你们到达那里时一切都准备好了,半个小时就可以吃完离开了。

随身携带喜欢的物品。实际上,带孩子到餐厅就餐最好的建议就是:时刻准备着。也就是说要随身带好童话书、画笔、玩偶以及其

他最受孩子喜爱的小东西等,以备不时之需。

❤ 让孩子不要边吃边玩

边吃边玩的孩子不在少数,这是吃饭磨蹭的主要原因之一。

然然是个活泼的小男孩,可是他太活泼了,连吃饭都要玩!这不,吃饭时间他又玩开了!

妈妈端着小碗,一边追着然然,一边喂饭!原来然然在看《天线宝宝》,他在屋里上蹿下跳,和电视里的天线宝宝一样,一会儿站起来,一会儿蹲下去,一会儿手舞足蹈地跳舞,一会儿……

以前然然吃饭不这样,他经常和爸爸妈妈一起在饭桌上用餐,虽然一样吃得满地都是,但是爸爸妈妈至少不用跟在然然的屁股后面伺机喂上一口!直到有一天,然然看见爸爸一边看足球比赛一边吃饭,便开始学样儿了!

那阵子正是"世界杯",由于时差,爸爸经常把晚上的比赛录下来,第二天中午吃饭的时候看。饭桌上少了一个人,然然吃饭就不安心了,他非要跟着爸爸在电视机前吃饭,后来妈妈只好把饭桌挪到了电视机前。

将近一个月的"熏陶"让然然染上了一边吃饭一边看电视的坏毛

病,"世界杯"结束了,然然的吃饭习惯却没有再改变。从此以后,只要是吃饭,然然就必然边看边吃,唯一不同的是,电视里播的不再是足球比赛,而是《天线宝宝》之类的动画片。

一天,妈妈喂饭实在是累极了,便训斥然然道:"你知道边看边吃的孩子不是一个好孩子吗?"

然然抬头看看气呼呼的妈妈,说:"那爸爸也不是好孩子!"

在饭桌吃饭的爸爸夹菜的筷子停在了半空中,他没想到自己的行为会成为儿子边看边吃的"证据",于是放下手里的碗筷,走到然然身边,说:"然然,爸爸错了,爸爸以后再也不边看电视边吃饭了,爸爸要做个好孩子。你能做到吗?"

然然冲着爸爸一笑,用稚嫩的声音回答道:"能!"

妈妈开心极了,冲着然然和然然爸爸说:"你们两个都是好孩子!"

如果家里正好有边吃边玩的孩子,那么吃饭往往就会成为妈妈们最头疼的问题。边吃边玩主要是由父母对孩子的溺爱和缺乏正确的教养所致,纠正的关键在于父母应认识其危害,并做到以下几方面:

第一,少吃零食,多做运动。有的妈妈生怕饿着孩子,整天水果、饼干等各种零食不断,殊不知如果饭前让孩子进食了过多的零食,就

PART 2
轻松搞定小磨蹭的招数

会令他对正餐失去应有的兴趣，所以家长应有意识地少给孩子吃零食。除此之外还要和孩子一起多做些运动，通过锻炼来促进孩子的食欲，增强孩子饭前的饥饿感，这样就能降低孩子边吃边玩的欲望。

第二，找对时机再开饭。家长要找对时机再开饭，等到孩子觉得饿时再给他吃饭。孩子饿的时候，即便手里拿着玩具或正在看电视，但为了吃饭而被迫停止，一般不会奋力反对。如果孩子还是奋力反对，那么家长在做饭前可以算好孩子要玩多长时间，或者动画片要演多长时间，一结束就开饭。

第三，孩子吃饱后就不要再硬塞食物给孩子。一般来说，孩子如果开始边吃边玩，也就说明他的肚子确实已经不太饿了，如果肚子还没吃饱他们是不会到处玩的。父母见到孩子对吃饭已没了兴趣，就应该态度坚定地把饭菜收走。

第四，排除引发孩子玩的因素。孩子自控力较低，注意力容易随外界转移，所以进餐时尽可能排除引发孩子玩的因素，比如不要开电视、不要拿玩具给孩子等，并尽可能将看电视与吃饭时间错开。千万不要拿着饭碗跟着孩子，要让他们知道吃饭就必须在餐桌上，但切勿把气氛搞得严肃可怕。

第五，制作反馈表也是让孩子专心吃饭的好方法。在餐桌前贴一张表，登记用餐的情形，没有边吃边玩画一颗大星星，30分钟之内

吃完画一个苹果,不剩饭画一颗小星星……让孩子明白其中的含义,体验成功的喜悦,然后再积累起来好好奖励他。

第六,家长要以身作则。家长要像故事中然然的爸爸最后表现的那样,以身作则,否则孩子会想:"爸爸不也是边看报纸或者边看电视边吃饭吗?"内心里感到极大的不满,因为他觉得为什么总是责备他不该边玩边吃,大人不是也这样吗?所以家长要"从我做起",为孩子做好榜样。

总之,孩子的进食过程是一个复杂的行为,受到生理、心理和环境各种因素的影响,并与家长自身的素质、观点、行为有着特别密切的联系。因而,对待孩子的进食问题和培养良好的饮食习惯,不能怕麻烦,草率从事,也不能因为孩子小,听之任之。不良习惯养成后再纠正比培养好习惯更困难。

PART 2
轻松搞定小磨蹭的招数

孩子洗脸刷牙磨蹭怎么办

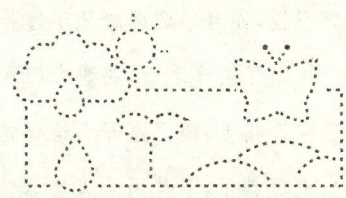

洗脸刷牙的时候,有的孩子会因为好奇心强、玩心大而忘记了自己做事的目的;也有的孩子会认为洗漱是一件麻烦的事情,积极性极低,就出现磨磨蹭蹭的现象;较大的孩子则会因为开始注重自己的形象,不厌其烦地梳理头发、化妆等,拖延洗漱时间。面对孩子种种原因的磨蹭,家长该怎么办呢?

♥ **重视孩子刷牙洗脸习惯的培养**

良好的生活习惯需要从小培养,并且需要家人的重视、支持和配合。

聪聪刚长出牙齿的时候,妈妈就意识到应该给聪聪刷牙,可是奶奶却说:"孩子才多大啊,就刷牙!再说了,这些牙齿以后总是要换掉的,不刷也没事!"妈妈犹豫了一下,可还是觉得应该让聪聪及早养成

好习惯,而且给聪聪刷牙不过是举手之劳。

做了决定之后,妈妈专门买了一个乳儿牙刷套,每天早晨和晚上套在手指上,蘸了温开水给聪聪刷牙。当时聪聪觉得很有趣,大概是当成玩具了,不是用牙床紧紧咬住妈妈的手指不放,就是不肯张嘴,把牙刷套抢过去在手上把玩。因为当时的目的在于让他建立刷牙习惯,所以,尽管这样,妈妈仍然每天早晨和晚上坚持给他刷牙,哪怕只是装装样子,也一定要做。同时,妈妈自己每天刷牙时也刻意让聪聪看到,日复一日,聪聪就知道刷牙是每天的必修课了。

聪聪快3岁的时候,有一天,妈妈和他一起逛儿童用品店,聪聪看见一套小青蛙造型的牙具,很感兴趣地看了半天。看聪聪这么喜欢这套牙具,妈妈就给他买了下来。回到家以后,妈妈便顺势问聪聪:"想不想自己用小青蛙牙刷来刷牙啊?"聪聪特别开心,连连点头。妈妈于是就开始耐心地教聪聪刷牙。渐渐地,聪聪能够自己刷牙了。

可是有一阵子,聪聪不喜欢刷牙了,一家人谁都不知道为什么,以为只是孩子在闹情绪、撒娇,还很严厉地批评他,每次都弄得聪聪哭哭啼啼的。有一次,妈妈在和聪聪玩游戏的时候,问聪聪为什么不喜欢刷牙,这才知道聪聪不喜欢给他买的中草药牙膏的味道,觉得很苦。于是妈妈给聪聪买了一支水果味道的牙膏,聪聪又开始喜欢刷牙了,说刷牙的时候就像在吃水果糖。

有一次,妈妈和聪聪两个人一起在刷牙,结果那天聪聪一边看着妈妈,一边刷牙,还含糊地说:"我刷得比你快。"从那以后,妈妈就刻意跟聪聪一起刷牙,从挤牙膏开始计时间,刷牙必须刷满3分钟,一直到最后漱口、放牙具。当然了,比赛还包括最后谁的牙齿最白,谁的动作最标准。聪聪跟妈妈比赛了几次,几乎每次都赢——当然,是妈妈刻意让着聪聪的。后来聪聪不满足了,又拉上了爸爸。每天早晚,一家人一起刷牙总是很有乐趣。

看着别家的宝宝总在刷牙的事情上吵吵闹闹,而聪聪却能找到趣味和快乐,妈妈心里特别高兴。

帮助孩子养成刷牙、洗脸的好习惯绝对不是小事,一定要引起全家人的重视。

第一,刷牙的必要性。有的家长认为,孩子刷不刷牙都无所谓,一天一次已经足够,一天不刷也不会怎样。殊不知,刷牙对孩子的意义很大:不但能清除牙菌斑、软垢和食物碎屑,还能发挥对牙龈的按摩,促进牙龈的血液循环,增进牙龈的健康。另外,晚上刷牙是尤其重要的,因为入睡后孩子的唾液分泌量减少,正好给口腔中的细菌繁殖创造了条件。如果睡前不刷牙或没刷干净,食物残屑在细菌作用下很快就会发酵产生酸性物质,再加上口腔因睡眠而缺少唾液,不能稀释中和这类酸性物质,牙齿就很容易受到腐蚀,日久就可能引发

龋齿。

特别要说明的是,乳牙也是同样需要一天刷两次的。有很多爸爸妈妈像故事中聪聪的奶奶一样认为:宝宝乳牙长得好不好无所谓,反正迟早要换掉的。其实,宝宝的乳牙兼具咀嚼、发音、美观以及维持恒牙萌出空间的功能。如果乳牙没保护好,会导致恒牙排列不齐,比如龅牙和"地包天"。而且,有了龋齿,严重的会影响到牙根,进而影响宝宝的颌骨发育、进食及语言功能,甚至还会影响到宝宝的面容。因此,宝宝的护牙工程要从婴儿期抓起。

第二,洗脸洗脚的必要性。大多数孩子都活泼好动,一般情况下,每天除了睡觉以外基本都处于活动状态,而且有的孩子不管天气多冷、多热、刮风、下小雨等,都要在外面跑跑跳跳。大家都知道,脸是裸露在外面的,且面部分泌皮脂和汗液较多,经常和空气中的灰尘接触,脸是容易沾污积垢的。每天早晚洗脸,不但可以保持面部皮肤清洁,而且可以起到按摩作用。

孩子的脚由于不断地着地走动,更容易被灰尘污染,再加上被鞋袜包裹,通风散热差,易出汗,时间长了,易滋生病菌。洗脚可清除污垢,防止因毛孔堵塞导致皮肤发炎。孩子皮肤表层很薄,皮下血管丰富,脚底还有很多穴位,睡前用温水洗脚,不但可以去污,而且还能促进血液循环,消除下肢沉重感,能消除疲劳,促进睡眠。冬季睡前洗

脚,还能预防冻疮。

♥ 培养孩子良好的洗漱习惯

良好的洗漱习惯不但能够让孩子加快洗漱的速度,还能够让孩子对洗漱的对抗心理降为零。

第一,让孩子专心洗漱。小一点的孩子洗漱时容易因注意力不集中、贪玩而引起磨蹭行为。家长可以在一开始和孩子一起洗漱,"带着"孩子,不要让孩子思想开小差,可以借鉴故事中聪聪妈妈和聪聪比赛的形式,让孩子的速度变得快起来。

第二,调动孩子的积极性。家长要想让孩子快起来,就要学会调动孩子的积极性。

首先,家长要做好洗漱之前的准备。洗漱准备包括帮助孩子选择合适的牙膏、牙刷、洗脸毛巾,这一点对孩子很重要。

帮助孩子选择牙刷时,牙刷头的长度以 4 颗门牙的宽度为宜;牙刷的软硬度则以不刷痛孩子牙龈为原则。牙刷最好选择适合孩子使用的保健牙刷,2 排毛刷,每排 6～7 束,毛质软,牙刷头和牙刷把的长度均适合孩子。另外,牙刷在使用一段时间后,要及时更换,一般 3 个月换一次。

含氟牙膏是目前有效防治龋齿的牙膏。但使用不当,孩子会容易得氟牙症。氟的防龋作用与产生毒性之间的界限很小,再加上孩子的吞咽控制能力还不完善,很容易误吞含氟牙膏,导致摄入过量的氟,使牙齿产生一些斑点,严重时使牙齿变黄,表面粗糙,容易缺损。因此,3岁以下的孩子禁止使用含氟牙膏。另外,牙膏应交替使用,长期固定使用一种牙膏,会使牙细菌产生耐药性。

为了充分地调动孩子刷牙的兴趣,爸爸妈妈可以预先带孩子到商店挑选孩子自己喜欢的杯子、牙刷和牙膏等用品。孩子看着自己挑选的心爱的刷牙用具,自然参与的热情就会很高。

关于孩子的洗脸、洗脚毛巾的标准就简单多了,选择柔软的就可以了,不要贪图便宜,便宜的毛巾会越洗越硬,"扎"孩子的脸、脚,让孩子讨厌洗漱。

其次,不要对孩子发号施令。

麟麟最讨厌每天早晨洗脸、晚上洗脚了!

每次早上妈妈要麟麟洗脸,麟麟都会不理解地说:"怎么天天都要洗脸啊?不脏!不洗!"在麟麟看来,昨天晚上已经洗过脸了,不过睡了一个晚上,也没有出去玩,也没有擦到什么脏东西,为什么又要洗呢?

妈妈有耐心的时候,会好好地给麟麟讲道理;妈妈不耐烦的时

PART 2
轻松搞定小磨蹭的招数

候,就只能发号施令,强行要求麟麟洗脸,但总是免不了一阵哭闹。

而晚上的洗脚,则又是一场"战争"。

这天晚上,麟麟正在看自己最爱看的动画片《海绵宝宝》,正带劲儿的时候妈妈端了一盆温水来到麟麟跟前:"宝贝儿,洗脚啦!"

"不!"性格直率的麟麟干脆地拒绝了。

"每天都要洗脚,这是讲卫生的小朋友都会做的。"妈妈耐下性子和麟麟说道。

可是麟麟根本没有搭理妈妈,在沙发上蹦来蹦去,完全陶醉在动画片的精彩情节中。妈妈一看麟麟那样儿,生气地走到电视机前面把电视机关掉了。

原本蹦蹦跳跳的麟麟一下子停住了,"开!"麟麟一边大声嚷嚷,一边开始在沙发上打滚。

"你洗完我就给你开!"妈妈毫不退让。

"你不开我就不洗!"麟麟也不是省油的灯。

在书房看书的爸爸听见争吵声,赶紧走了出来,一看到这个场景,心里就明白了八九分。他走到麟麟身边说:"乖孩子,为什么不洗呢?"

"我要看电视!"麟麟依然不依不饶。

"看电视?看完电视水都凉了!"妈妈也气鼓鼓地说。

"这样吧,"爸爸用和事佬的口气对麟麟和妈妈说,"看完电视洗,

但是今天麟麟要学会自己洗脚!行吗?"

"好!"麟麟开心地跑去开电视。

妈妈也收拾了东西回到卫生间,爸爸对妈妈说:"以后给孩子洗脚看着点儿时间,他看完电视以后再洗不就没今天这回事儿了嘛!对了,今天我来教儿子洗脚,他也应该学学了。"

妈妈点了点头。

如果孩子本来就对洗漱存在逆反心理,那么家长发号施令会让孩子更加抵触,即使孩子最后顺从了,也会渐渐失去主动性,行为会更加拖拉。所以,家长要改变自己的语气和方式方法,让孩子主动且乐于去洗漱。

最后,对于那些因为"爱美"而磨蹭的孩子,家长先要寻找原因,孩子为什么会特别注重这些?其实最重要的一点莫过于缺乏自信了。孩子长大了,在内心有被认可的需要,如果家长平时比较少肯定孩子、赞美孩子,就会让孩子的自信心萎缩。而在外表上修饰自己,可以让孩子迅速达到衣着或容貌超过别人的效果,获取自信,所以孩子磨蹭的时间就长了。家长要理解孩子,一方面给孩子购买趁手的洗漱用具,比如小镜子、发胶等,让孩子提高速度;另一方面要让孩子认识到,内在美才是真正的美,才能让人由衷赞叹。与此同时,多给予孩子认同和鼓励,慢慢的,孩子就会有所改变。

PART 2
轻松搞定小磨蹭的招数

孩子穿衣服磨蹭怎么办

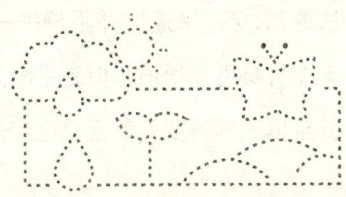

很多家长都会有疑问:穿衣服有什么难的,为什么孩子就是磨磨蹭蹭,让人觉得那么费劲呢? 对于穿衣服磨蹭的孩子,家长经常是束手无策,弄不好一大早就"开火",带给自己和孩子一天的坏心情。其实,穿衣服磨蹭的孩子是有方法"对付"的!

明白孩子为什么这样

孩子穿衣服磨蹭有几种可能:

第一,不懂得穿衣服的方法。家长觉得穿衣服是一件容易的事情,对于孩子来说却不一定,俗话说"难者不会,会者不难",家长很容易就穿上的衣服,对于孩子来说可能是一个难题,得花几倍的时间来完成。

第二,内心有对抗情绪。有些孩子明明会穿衣服,而且,如果想

快的话,穿起来速度并不慢——比如,要是等一下即将出门游玩,那动作可是迅速得很!但是平时总是磨磨蹭蹭的,一件衣服能穿好久,甚至再三嚷着要妈妈帮自己穿。

星期天,娇娇睡了个懒觉,妈妈已经做好早饭了,她还不愿意起床。

"宝贝,起来吃早饭,有你最喜欢吃的吐司!"妈妈在厨房对着卧室喊道。

"哦……"娇娇应了一声。过了一会儿,她大声说:"妈妈,你过来一下!"

"什么事?"妈妈以为有要紧的事情,赶紧跑到卧室。

"帮我穿一下衣服……"娇娇撒娇地说。

原来是穿衣服这种小事,妈妈"气不打一处来",说:"自己的事情自己做!"然后又快步进厨房里了。

娇娇满心的不乐意,动作极慢。15分钟后,妈妈见娇娇还没出来,就到卧室去看看,结果发现娇娇就穿了上衣,责问道:"怎么还没穿裤子!"

"我找不到!"娇娇撇撇嘴说。

"这不是吗?"妈妈顺手就从被子底下揪了一条裤子出来,扔在娇娇身旁。

10分钟后,妈妈再次进入卧室,没想到娇娇居然只穿了一个裤腿,另一只腿光着在晃来晃去玩呢!妈妈忍无可忍,把娇娇训斥一顿,娇娇挨训后哭着穿上了裤子,早上的穿衣总算告一段落!

孩子内心有对抗情绪,动作怎么快得起来呢?满心的不情愿带来的当然是磨磨蹭蹭!

第三,家长性格太着急。有的急性子家长看见孩子磨磨蹭蹭就着急,一边教训孩子一边手脚麻利地替孩子穿好衣服。殊不知,妈妈的帮忙会让孩子觉得自己"没用",心理压力大,情绪低落,妈妈怎么教训都不可能让他们动作快起来。

第四,家庭的溺爱。现在大多数家庭都是独生子女,家庭成员都非常爱孩子,给孩子舒适的生活。孩子在习惯了衣来伸手、饭来张口之后,就会不想自己做事情,什么都想要家人帮忙。久而久之,孩子能力欠缺,懒散惯了,必须要做事的时候就会磨磨蹭蹭。

第五,早晨挑选衣服会拖延时间。很多妈妈都非常爱美,每天早晨起来之后,都会花比较长的时间挑选自己穿的衣服。孩子耳濡目染,也会养成这样的习惯,可是这样的习惯无疑会浪费大把的时间。

❤ 逐渐减少帮助,让孩子独立完成穿衣

如果孩子的能力还不够,还不能很好地独立穿衣,那么妈妈可以在教给孩子方法的基础上,逐步减少帮助。比如,穿套头衫的时候,可以帮助孩子把头先套进去,让孩子再穿袖子;穿开衫的时候,可以帮孩子扣好第一颗扣子,剩下的让孩子扣……总之,家长不要突然不管孩子,让孩子独立穿衣服,要循序渐进,逐渐让孩子学会独立穿衣。

❤ 少说话,事后寻找合适契机

对于那些内心有对抗情绪的孩子,如果家长和孩子硬来,可能会激起孩子更大的对抗情绪,会使他更加磨蹭。家长这个时候尽可能不要对孩子讲道理,做到少说话,等孩子穿好衣服出来之后,寻找合适的机会,消除孩子的不良情绪,并且给孩子讲明道理,杜绝同类事情的再次发生。

❤ 耐心等待,真心鼓励

急性子家长要做到的就是耐心等待,真心鼓励。如果孩子的动

作真的很磨蹭,家长可以让孩子提前10分钟或者20分钟起床,给孩子足够的时间来磨蹭。同时,家长要在孩子穿衣服的时候给予孩子真心的鼓励,听到家长的鼓励,孩子的劲头儿会更足,动作也就更快了。

❤ 减少对孩子的溺爱

对孩子不溺爱是老话题,至于孩子穿衣磨蹭这方面,家庭成员之间要做好沟通,在孩子穿衣服的时候避开不见,当孩子"依靠"的对象没有之后,动作也会快很多。当然,溺爱的习惯需要较长的时间才能改变,家长要足够重视,做出有效的改变措施。

❤ 不要在清晨挑衣服

清晨挑衣服、试衣服会耽误很多时间,家长首先要改掉自己的这个习惯,然后逐渐帮助孩子也改掉这个习惯。家长可以让孩子在晚上挑选明早的衣服,并且整理、准备好,这样既满足了孩子"臭美"的愿望,又不至于在第二天耽误很多时间。

开展穿衣比赛

穿衣服磨磨蹭蹭的孩子通常会觉得穿衣服是一件让人不快乐的事情，家长可以开展几次穿衣比赛，让孩子对穿衣的感觉有所改变。比赛的形式可以多种多样，全家人都可以参与进来，总之，要让孩子在比赛中体会到快乐！

孩子晚上睡觉磨蹭怎么办

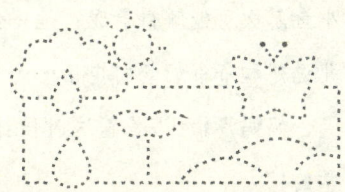

一些精力很旺盛的孩子,到了晚上,总是磨磨蹭蹭不去睡觉,弄得劳累一天的家长苦不堪言。孩子晚上睡觉磨蹭怎么办呢?

小鱼和爸爸妈妈、爷爷奶奶一起住,她似乎是个天生的"夜猫子",晚上不睡,早晨不起。每天晚上,小鱼都和爷爷奶奶一起到街心公园跳健康操,玩一圈儿回来已经9点多了,洗漱完毕她还要玩一会儿,一磨蹭就到了10点。要是10点她能睡觉,爸爸妈妈也就不操心了,每到这个时候,她不是饿了,就是作业忘了写了,麻烦事情一大堆,好不容易解决完以后,上床睡觉已经12点了。

这么晚睡觉,早上怎么起得来呢?爸爸妈妈觉得不能再这么下去了,就计划着让爷爷奶奶回老家,没有了老人的庇护和宠爱,他们相信很快能够改变小鱼的坏习惯。

爷爷奶奶走的第一天,吃完晚饭妈妈就让小鱼检查作业是否已经完成,然后休息一会儿,8点半准时上床睡觉。可是习惯了晚睡的小鱼怎么可能睡得着呢？她一会儿说饿了，一会儿说要上厕所，一会儿说想和爷爷奶奶打电话……总之就是不肯合眼睡觉。

妈妈没辙了，爸爸这时候把脸一板，说："必须睡觉，明天是要上学的！"

小鱼见爸爸发火了，赶紧乖乖地钻进了被窝。就当爸爸妈妈以为"驯服"了小鱼时，哪知道小鱼趁着爸爸妈妈睡着以后，又偷摸着出来到客厅里玩了起来！爸爸妈妈把她"抓"回房间以后，面面相觑，摇摇头，真是不知道拿女儿怎么办才好！

小鱼不肯入睡主要还是习惯问题在作祟，小鱼的爸爸妈妈有点急进，第一天就想让小鱼变成早早睡觉的乖孩子，可是小鱼跟着爷爷奶奶习惯了晚睡，一下子是调整不过来的，搞不好还会弄巧成拙，破坏亲子关系。因此，要想改变孩子睡觉磨蹭的坏习惯，要循序渐进，讲究方式方法。

排除非主观原因

孩子磨磨蹭蹭不肯睡，主要有两种原因，一种是主观原因，比如故事中的小鱼，自己习惯了晚睡，早睡根本睡不着；另一种就是非主观原因，比如生病或者一些外界环境的刺激无法让孩子入睡等。

PART 2
轻松搞定小磨蹭的招数

孩子不肯睡，家长首先要排除这些非主观原因，询问孩子是否哪里不舒适，比如感冒、咳嗽、肚子疼等，都会影响入睡。家长还要给孩子创造舒适的就寝环境，注意灯光、噪音、气味、温度等。注意，尽量不要让孩子下床，让孩子看看书，听听故事、音乐，慢慢睡着。

利用故事来引导孩子

有的孩子不习惯早睡，家长不要强迫孩子，这样只会让孩子更加不情愿，就算听话照做了，内心也会感到委屈和难过。家长要体贴和安慰孩子，给孩子讲明道理，可以利用一些童话、名人故事等，引导孩子。比如下面这个《大眼睛蓝蓝》的童话故事，就能起到很好的正面引导作用。

大眼睛蓝蓝是个倔脾气，总也不爱睡觉，别人困得直打哈欠，她还是兴致勃勃地玩这玩那。

一天，窗外飞来一位魔法师，她问大眼睛蓝蓝："大眼睛蓝蓝，我可以满足你一个愿望，你有什么愿望呢？"

大眼睛蓝蓝思考了一会儿，说："我的愿望很简单，就是永远都不睡觉。"

魔法师听了以后瞪大了眼睛，心想：看来大眼睛蓝蓝还不知道睡

觉的好处啊,我要教育教育她,便说:"好啊,我帮你实现这个愿望。"魔法师用魔杖轻轻地在大眼睛蓝蓝头上一点就不见了踪影。

大眼睛蓝蓝好开心啊!

第一个晚上,爸爸妈妈都呼呼大睡的时候,大眼睛蓝蓝又是玩积木又是看图画书,折腾了一晚上。到白天她有点困了,可是无论如何也无法入睡,只能睁着眼睛继续玩。

第二个晚上,全家人在月亮星星的陪伴下睡得无比香甜,只有大眼睛蓝蓝还是在玩,不过她好想倒头睡一觉,可是她的眼皮就像被小木棍撑住了,怎么也合不上。

到了第三个晚上,大眼睛蓝蓝实在是困得不行了,可是怎么也无法合上眼睛睡觉,她只好大哭,说:"魔法师啊,快救命啊!我要睡觉!"大眼睛蓝蓝连哭都是睁着眼睛的呀。

魔法师被大眼睛蓝蓝的哭声引来了,对大眼睛蓝蓝说:"你不是永远都不要睡觉吗?"

"不,不,我要睡觉!"大眼睛蓝蓝一边拽着魔法师的衣角一边说,生怕魔法师不给她解除魔法就离她而去。

"唉,这下你知道睡觉的好处了吧!"魔法师说完就往大眼睛蓝蓝的脑袋上一点,给她解除了魔法。

第四天夜晚,大眼睛蓝蓝早早地把眼睛闭上了……

PART 2
轻松搞定小磨蹭的招数

家长要相信,总有比训斥更好的教育方法,不到万不得已,不要训斥孩子,只要家长肯花心思,让孩子早早上床睡觉并不是那么困难的。

❤ 提前帮助孩子进入睡眠准备状态

睡前一个小时,家长就可以慢慢提醒孩子:还有一个小时就要睡觉了……还有半个小时……还有 15 分钟……等到上床时间到了,孩子也就逐步接受睡觉的事实了。另外,家长在睡前的一个小时,不要让孩子玩兴奋的游戏,也要保证能够准时吃晚饭,这样孩子上床睡觉就正好不空腹也不饱胀。有的孩子因为正在看好玩的电视节目,舍不得睡觉,这时候最好全家配合,关闭电视,轻声细语,各自回房,帮助孩子进入睡眠的准备状态。

NO.6　理智应对孩子学习中的磨蹭问题

孩子做作业时找学习用品磨蹭怎么办

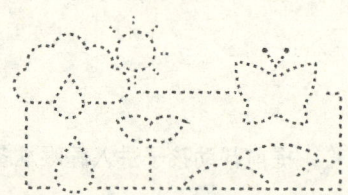

有的孩子把自己的东西放得杂乱无章，一到做作业的时候就找不到这个，找不到那个，往往会磨蹭很长时间。

璐璐上小学二年级，每次做作业都要磨蹭很长时间，原因不是不会做，相反，她做作业的速度很快，只是她做作业的时候不停地找这找那，时间全浪费在找东西上了……

今天，璐璐的作业不多，只有英语和语文。她照例打开书包，翻找了一番后，只听她扯着嗓子大声喊："妈妈，我找不到英语作业本啦！"

妈妈闻声而至，说："活该！"嘴里虽然骂着女儿，但是妈妈的手在帮忙找作业本。

"哪一本作业本啊？"

PART 2
轻松搞定小磨蹭的招数

"1号作业本!"

"这不是吗?"妈妈从书包的夹层里拿出英语1号作业本,递给璐璐,"以后作业本要记得放在哪里,我每天帮你找,烦都烦死了!"

璐璐吐吐舌头,不言语。

过了一会儿,璐璐的英语作业写完了,在写语文作业的时候,找不到刚刚用的橡皮了,她继续扯着嗓子喊:"妈妈,橡皮不见了!"

妈妈赶紧来到书房帮着找,可是这回妈妈找来找去也找不到,无奈,只能让璐璐下楼再买一块。橡皮买回来以后,璐璐又找不到卷笔刀了,当她再次喊出"妈妈"这两个字的时候,妈妈气冲冲地冲进书房,大声嚷道:"你自己的东西就不能放好吗?一会儿找不到这个,一会儿找不到那个,我是专门帮你找东西的吗?"

璐璐看到妈妈发火了,立马噤声不语。

妈妈生完气走了,璐璐用其他铅笔先写着,想着等妈妈不发火了再让妈妈帮忙找吧!现在就不去撞枪口了!

像璐璐这样,做事没有条理,随手乱放东西,用的时候找不到,结果耽误大量时间的孩子有很多,这个时候,家长就会特别心累,必须做好孩子的"后勤部长",作业本、橡皮、铅笔刀……必须帮忙整理,每天要把孩子的房间、书包整理得井井有条。殊不知,这样做家长累不说,孩子也不能够改掉这个坏习惯,对他们的一生都有不良影响。

有一本杂志上刊登过这么一个故事：

有一个商人，在小镇上做了十几年的生意，到后来，他竟然失败了。当一位债主跑来向他要债的时候，这位可怜的商人正在思考他失败的原因。

商人问债主："我为什么会失败呢？难道是我对顾客不热情、不客气吗？"

债主说："也许事情并没有你想象得那么可怕，你不是还有许多资产吗？你完全可以从头再来！"

"什么？从头再来？"商人有些生气。

"是的，你应该把你目前经营的情况，列在一张资产负债表上，好好清算一下，然后再从头做起。"债主好意劝道。

"你的意思是要我把所有的资产和负债项目详细核算一下，列出一张表格吗？是要把门面、地板、桌椅、橱柜、窗户都重新洗刷、油漆一下，重新开张吗？"商人有些纳闷。

"是的，你现在最需要的就是按你的计划去办事。"债主坚定地说。

"事实上，这些事情我早在15年前就想做了，但是一直没有去做。也许你说的是对的。"商人喃喃自语道。后来，他确实按债主的主意去做了，再后来，他成功了！

做事没有条理的人，无论做哪一种事业都没有成绩可言。而有条理、有秩序的人即使才能平庸，他的事业也往往有相当大的成就。对于一个人来说，做事有条理不仅是一种做事的习惯，更是他的做事态度，是他能否取得成就的重要因素。对于孩子来说，做事有条理同样是非常重要的。一个孩子做事有条有理，在学习上就不会浪费时间，学习效率也极高，就更容易取得学业的成功。然而，许多孩子都有早晨起床找不到袜子、学习用品或者生活用品的现象，这便是做事缺乏计划性和条理性的表现。

做事情缺乏条理、没有计划是儿童时期的一种自然表现，但是，如果父母不注意引导，孩子们往往会养成不良的习惯，从而给他们的一生带来麻烦。事实证明，一个养成了有条理、讲效率（做事情不拖拉）的好习惯的孩子，在学习、生活的各个方面，都能做到有条不紊、循序渐进。做作业、完成任务有计划，今日事今日毕，都有助于孩子的成功。相反，一个生活无序、东西随便乱放、学习缺乏条理性的孩子，不仅影响学习的效率，还常常会带来不必要的麻烦。

那么，家中有一个没有条理的孩子，家长应该怎么改变他呢？

❤ 建立孩子的秩序感

要想让孩子改掉这个坏习惯,家长必须从现在就让孩子建立秩序感,培养孩子按规律生活的习惯。比如,让孩子把东西放在固定的位置,吃饭的座位也要在固定的位置,定时整理书柜,等等。时间长了,孩子就会知道生活要有规律、有条理,这样既可以节省找东西的时间,又会非常有成就感。

❤ 家长要以身作则

要想让孩子做事井井有条,家长必须以身作则,和孩子一起变得有条理,否则,孩子在一个乱七八糟、东西乱放的家里,有何条理可言?家长要为孩子树立一个榜样,可以在周末的时候整理自己的文件,或者让孩子帮忙整理。比如:整理票据纸张,或者找一个活页夹把这些东西都归类整理。做这些事情的同时,家长可以问问孩子他的房间或者其他地方有没有需要整理的,通过这样的询问,家长也给孩子提供了一个机会,让他愿意为把生活变得更有条理而付出努力。

PART 2
轻松搞定小磨蹭的招数

❤ 给孩子适当的惩罚

当孩子没有条理,找不到东西的时候,不妨让孩子自食其果一下。

几年前,润润常忘记戴小黄帽。班主任发火了,规定谁忘记戴小黄帽就罚谁扫地一周。妈妈给润润买过几次,到最后,妈妈也发火了,不理她。润润也没有时间到店里买,因为要上课了,只好乖乖受罚。一两次以后,润润再也没忘记戴小黄帽了。

适当地进行惩罚有好处,能够让孩子记住,自己的东西不能乱放,从而改变原来的坏习惯。另外,家长可以和学校的老师多联系,一般来说,孩子还是比较"怕"老师的,家长联合老师,一定比在家里自己惩罚孩子的效果好。

❤ 放手让孩子自己做事

家长的不断帮忙,会让孩子很难改掉坏习惯,因为孩子会认为,"找不到东西的时候就找妈妈,妈妈总能找到",甚至会认为,诸如收拾东西之类的事情应该是妈妈做的,找不到东西的时候,可以责怪妈

妈没放好。所以,家长要学会放手让孩子自己做事,不要时时提醒,要让孩子学会自己有条理地做事。

PART 2
轻松搞定小磨蹭的招数

孩子不拖到最后一刻决不动笔做作业怎么办

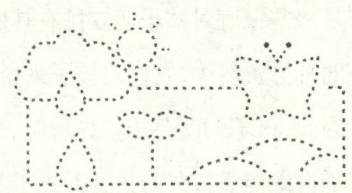

很多家长都抱怨孩子做作业拖拖拉拉,回家后总是先玩再做作业,不到最后一刻决不动笔,总是要到当天晚上临睡前才能做完,作业多时甚至还要"开夜车",搞得很晚。若是寒暑假,则会玩到快开学时才动笔。孩子的这种行为已经成为一个很普遍的问题,这种行为不仅使孩子的学习效率降低了,更影响了孩子的正常休息与学习时间,也滋长了孩子没有计划、没有时效的做事态度,严重的还会引发亲子冲突。

❤ 孩子产生拖拉行为的原因

孩子为什么会出现这种"不到最后一刻决不动笔"的学习拖拉行为呢?不同的孩子有不同的原因,归纳起来,大概有三种可能:

第一,消极对抗。现在学校的作业量对孩子来说本来就不轻,但

是一些家庭对孩子还安排有其他练习,如各种培优班的作业、家长买的辅导资料等,它们对孩子来说就像是永远也铲除不完的大山一样。因此,孩子们就会想,"先玩吧,作业那么多一时也做不完,实在不行了再做作业",久而久之养成了习惯。

第二,厌烦或畏难的情绪。孩子对学习有厌烦感,或是发现所学的知识自己没有弄懂,作业很难做,这时也会出现拖拉的行为,往往表现为先玩后学,能拖则拖,甚至极力逃避做作业。

第三,睡眠不足。孩子晚上写作业时间太长,会严重影响睡眠的时间;又由于睡眠不足,所以很容易导致第二天精神状态不佳,从而影响了孩子写作业的速度,造成恶性循环。

应对孩子拖拉行为的对策

第一,帮助孩子制订计划。

下班后,妈妈就一直在考虑,儿子的暑假作业到现在还没动过,该不该告诉他自己对这件事情的看法和感受,该不该对他提出自己的要求呢。经过几番思量,妈妈决定和儿子沟通一下。

"阳,你打算暑假作业什么时候做?"

他沉默。沉默是一种反抗,妈妈发现苗头不对,但还得继续

交流。

"时间一天天过去,你总不会把没完成的作业拿去报到吧?那你有什么打算呢?"

还是沉默。妈妈的怒火上来了,但是还是试图平静地跟儿子说。妈妈也沉默了一会,让自己平静下来。

"我是看看能不能帮助你,也没有责备你呀。"

儿子继续沉默,开始有了小动作。妈妈觉察到他的情绪反应,似乎抵抗情绪很重。妈妈十分沮丧地说:"先吃饭去吧,你自己好好考虑一下。"

第二次找他沟通这件事,儿子说出了他的第一句关于做暑假作业的话:"我没心情做!想晚一点做。"

妈妈郁闷了:没心情?做作业怎么能用有没有心情来决定做不做呢?她对儿子说:"阳,也就是说,虽然你不愿意做,但是最后还是要做的,对吗?"

儿子点点头,他也害怕老师的责骂。

妈妈舒了一口气,说:"你准备花几天来突击你的暑假作业?"

儿子抬头看了看妈妈,说了自己的打算:"一个星期,数学、语文、英语各做两天。"

"那么,正确率呢?"妈妈问道。

 轻松搞定世界上"最磨蹭"的小孩

儿子低头不语。

"那么,换个问题。你认为,你每天能有多长时间是有兴趣做作业的?"妈妈说,"多长时间都可以,没关系。"

儿子吸了一口气,说:"15分钟。"

"15分钟能做多少?"

"一张吧!"

"这样,我们做个计划,看每天做几张作业,到开学的时候正好做完。"妈妈早就算过了,一天做一张半就可以了。当儿子得出一张半的结论时,妈妈说:"每天做一张半可以吗?就比你的'一张'多半张,这样,你就不用到开学前"开夜车"开一个星期了!"

儿子思考了一下,点头同意了。

这位妈妈帮着孩子做了一个简单的学习计划,让孩子改变了"最后突击"的想法。家长可以借鉴她的做法。

孩子的学习计划可以分为学期计划、月份计划、星期计划及当天计划。对于较长期的计划,家长可以制成漂亮的表贴在孩子书桌前方的墙上,而当天计划,可以准备一个小本子做记录,包括当天要完成的事情(作业、其他任务等)、时间的安排等。做完一项,就让孩子在后面用红笔打个钩,还可以对孩子做些奖励和惩罚。坚持一段时间,再翻看记录本,孩子就会非常有成就感和自豪感。久而久之,孩

子就会养成一生都受益匪浅的好习惯。

第二,要合理安排孩子学习的时间和科目。在做作业时,家长可以安排孩子做 40 分钟作业然后休息 10 分钟;学习科目注意交叉着做,不要长时间地做同一科的作业,以免孩子产生疲劳和厌倦情绪。

第三,让孩子进行自我管理。家长要充分尊重孩子、信任孩子,可以和孩子坐下来,帮助孩子订出大约多少时间写作业,作业完成之后的时间由孩子自由支配。这样孩子会更主动一些,会快速写作业,慢慢地让孩子对自己的作业负责,学会管理自己的时间。

孩子边做作业边玩耍怎么办

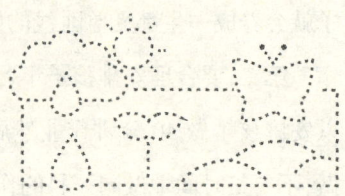

孩子没有良好的学习习惯,做作业拖拖拉拉,边做边玩,这会严重影响孩子的学习效率,作业质量也会很差,常常会出现不该出现的错误,甚至于家长守在孩子身边也收效甚微,这令许多家长感到头疼。

孩子喜欢边做作业边玩耍,家长应该怎么办呢?

♥ 抓住孩子的特点,因势利导促学习

家长可以抓住孩子的性格特点,因势利导促使孩子专心做作业。

嘟嘟现在上小学二年级,他的爱好是看书。记得嘟嘟刚上小学一年级的时候,那时候作业很少,每天也就是写几个字或者是几道算术题,在爸爸看来,最多也就是用半个小时的时间,可嘟嘟却磨蹭了2个小时,结果一个晚上都在写作业,根本没时间玩(用他自己的话

说），其实他大部分时间都在玩，边玩边写，只是他自己没有觉察到而已。随着课程难度的加深，作业稍微多一点，他就觉得很烦，作业质量一再下降，而且睡觉晚影响休息，再这么任其发展下去，就会形成恶性循环，后果可想而知。

怎么办呢？作为家长，爸爸的心里确实很着急。在一个周末，爸爸决定和儿子进行一次知心谈话，看看儿子的想法和态度。因为嘟嘟喜欢看课外书，爸爸就根据孩子的爱好因势利导，问嘟嘟："嘟嘟，你的作业让我来安排的话，我保证你很快就会写完，而且也有看书和玩的时间。"

嘟嘟瞪大了双眼，一脸不相信的样子，说："那好吧。"

于是，爸爸根据孩子的实际情况，先让他学习20分钟，然后休息10分钟，但是学习时间之内不准玩，每天规定写作业时间加起来不超过一个小时。如果超了时间作业可以不写，如果不遵守约定也不能玩。嘟嘟考虑了一会儿，就答应了爸爸的安排。

从前，爸爸和嘟嘟之间就有约定，无论是谁说话都要算数，爸爸相信儿子说了就能做到。结果嘟嘟刚开始仍是坐不住，他觉得20分钟很漫长，但碍于爸爸的监督和承诺还有看课外书的诱惑，也就安心写作业了。结果一个晚上真的可以有好多时间随心所欲，而且作业完成得也很棒。经过一段时间的训练之后，嘟嘟感到很奇怪，说："爸

爸,为什么会这样?"

爸爸趁机对儿子说:"时间对每个人来说都是一样的,你只要安排合理,同样可以做到啊!"

从那以后,嘟嘟就开始学会了自己安排时间,从 20 分钟到 30 分、40 分钟都能安心写作业了。现在,嘟嘟对待写作业已经表现得非常轻松了,而且每天还可以有好多时间看课外书或者干自己喜欢的事情,并且自我约束能力也加强了。

每个孩子的习惯、性格及爱好都不一样,家长要抓住孩子的特点,因势利导,让孩子养成专心做作业的好习惯。

❤ 不妨让孩子吃一次亏

边玩边做的作业质量一定不高,家长可以偶尔"不负责任"一次,让孩子吃点苦头,长个记性。

叮叮上了小学后,学习任务加重了,作业也多了起来,可叮叮的思想意识没有跟上来,学习起来没有紧迫感,平时做作业的时候也是边做边玩,作业中一些简单的问题也往往出错。叮叮的妈妈很着急,说过好多次但不管用。

PART 2
轻松搞定小磨蹭的招数

有一次,妈妈正在看电视,叮叮边做边玩地做完了作业,拿给妈妈检查并签字。妈妈拿过作业本一看,又有几个简单的题目做错了,当时便想发火训斥孩子,可转念一想,便什么话也没说,签字了事。

第二天放学后,叮叮满脸不高兴地回了家,进门后便埋怨妈妈作业没有检查好,害他受了老师的批评,妈妈拿过作业本一看,可不是嘛!作业本上被老师打上了几个大大的叉。于是,妈妈装模作样地和孩子分析起了原因:妈妈之所以没有发现作业的错误,是因为妈妈当时正在看电视,一心二用,所以才会粗心忽视了作业本中的错误。同时,还给孩子讲了一心二用和注意力不集中的危害,并拿出孩子以前的作业本,逐一进行了对比分析:哪次作业认真专心做了,得了"优";哪次是边玩耍边做的,出现了不该有的错误。孩子静静地听着,若有所思地点了点头。

从那以后,孩子做作业的时候明显专心了许多,边做作业边玩的现象也明显地少了。自然,作业中的小差小错也就越来越少了。看着孩子这可喜的变化,妈妈感到由衷的高兴。

所谓"吃一堑,长一智",孩子吃到了苦头,也许就会有所改变,家长不妨一试。

❤ 利用生活细节时刻提醒孩子

面对边做作业边玩的孩子,家长可以从生活细节之处入手,时刻提醒孩子应该先完成作业再玩耍。比如,可以在孩子学习的时候,把孩子的玩具收起来,别让孩子看见,眼不见则心不烦;也可以在孩子身边的物品上都贴上一个可爱的标签,"想和我玩,先做完作业",它可以贴在铅笔盒上、书包上、尺子上、橡皮上;还可以在孩子的书桌上放一张全家福照片,孩子看着爸爸妈妈的脸,会有一定的提醒作用;当然还可以在孩子的书桌上放一个闹钟,帮助孩子估算出做作业需要的时间,然后调好闹钟,在孩子完成作业期限前 10 分钟提醒孩子,加强孩子的紧迫感。

叶圣陶曾说过:"教育就是习惯的培养。"良好的习惯也绝不是一朝一夕就能养成的,要想让孩子养成放学后先做作业后玩、做作业时要专心的习惯,家长可以从生活细节入手,逐渐改变孩子。

孩子背诵的时候磨蹭怎么办

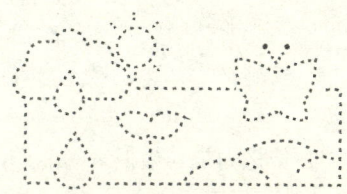

提到背诵就害怕的孩子不在少数,可是学习离不开背诵,为了完成学习任务,很多孩子努力去读,努力去背,可是依然是磕磕巴巴,同样背一篇课文却要花别人好几倍的时间才能背完。

蓝蓝整个晚上都闷闷不乐,为什么?因为今天在课堂上抽背,她磕磕巴巴,背得不流利,被老师罚抄写课文了。

妈妈关心地走到蓝蓝身边,摸着她的头发说:"没有背好?昨天晚上我听见你很认真地在背啊!"

蓝蓝点点头,说:"是,我背了好久,可是今天抽到我背的时候,就是不能流利地背出来,忘了好几处地方,还是老师提醒的。后来老师看我背得实在是不熟练,就罚我课后抄课文了。"

妈妈了然,点点头。女儿是很认真的孩子,老师交代的学习任务从来都认认真真去完成,可就是背诵是个难点,她记得很慢,而且容易忘,一篇课文,别的孩子20分钟就能背完,她却磨磨蹭蹭一个小时

 轻松搞定世界上"最磨蹭"的小孩

都不一定能背熟。

妈妈叹了口气,不知道如何帮助女儿,默默地走了出去。

记忆力是与生俱来的能力,但是因人而异,各有特点。蓝蓝可能就属于记忆力不太好的孩子,尽管花了大功夫去背诵,却仍然记不住。长此以往,总是遭受打击的孩子心情会越来越不快乐,越来越讨厌背诵,一背诵就开始烦躁。要从根本上解决这个问题,就要提高孩子的记忆力。

刘天时,1992年因为作文获奖被保送到中国人民大学新闻系读书,后来考取公费留学美国加州大学伯克利分校。她是曲宝琴的长女。曲宝琴,1948年出生,在特殊年代,因家庭关系,她被剥夺了考学和就业的机会。但不安于现状的她,1992创办了自己的第一个学校——吉林省计算机专修学院。时隔十年,她的另一个学校——长春英华女子高中又应运而生。曲宝琴乐观向上、不屈不挠的精神,给了女儿最好的榜样。她的次女,刘天昀,1993年以吉林省高考理科第二名的成绩升入北京大学生物化学系;她的三女儿,刘天昭,1996年同样以吉林省高考理科第二名的成绩升入清华大学建筑系读书。毕业之后她们两个也相继考取公费留学美国华盛顿大学和英国伦敦大学等世界名校。

PART 2
轻松搞定小磨蹭的招数

对儿童来说,智能的开发首先就是记忆力的培养。孩子的先天记忆会有差异,但是,后天的记忆力培养与训练更为重要。曲宝琴相信,一个人优秀的记忆力不是天生的,都是依靠后天的培养,要靠训练才能逐渐加强和延长记忆的持续时间。

曲宝琴对三个女儿记忆力的开发,始于牙牙学语之时。在开发孩子记忆力的问题上,曲宝琴有自己独特的方法,那就是——用古诗开发孩子的记忆力。曲宝琴认为中华诗词简明的语言、美好的意境非常适合锻炼儿童的记忆力,而且这也为孩子长大后的修养和人格发展奠定良好的基础。

古诗精炼而优美,它简短、押韵,且朗朗上口,所以孩子很容易记住。此外,它那优美深情的语言,对孩子的成长也有很大的价值。

曲宝琴在孩子2岁以后开始教孩子背唐诗,还有少量的儿歌。没有书,课本就是自己的脑子。曲宝琴教孩子不是死记硬背,总试图把诗歌讲成一个故事,总结出一个主题来。

比如,李白的那首《赠汪伦》:

李白乘舟将欲行,忽闻岸上踏歌声。

桃花潭水深千尺,不及汪伦送我情。

这是关于离别和友谊故事的诗歌,曲宝琴就会讲汪伦如何想结识大诗人李白,李白又怎样盛情难却,两人怎样在江边告别……

 轻松搞定世界上"最磨蹭"的小孩

再比如,叙事长诗《木兰辞》,孩子们在 3 岁前就能背得滚瓜烂熟。教的时候,曲宝琴把每一句话、每一段诗故事化、形象化,并用儿童能理解的语言讲出来。

这样一来就加速了孩子记忆的过程,培养了孩子的记忆力。在培养孩子记忆力的过程中,如何选择教材也是一个重要的问题。曲宝琴总结出,作为培养提高记忆力的教材,必须同时兼具三大要素:第一,它应该是能够陶冶孩子心灵的,有优美意境的;第二,它应该是使他们终生难忘的;第三,它应该是孩子可以理解的,容易被孩子所接受的。

对诗歌的选择,曲宝琴也总是尽量挑那些富有人情味,又和日常生活比较接近的题材,同时在风格上也都是简洁明朗的。曲宝琴的经验是:李白和杜甫的很多诗都是适合孩子背诵的。

以前适合孩子看的书很少,现在的妈妈已经不必为合适的教材伤脑筋了。书店里按年龄阶段分类的儿童图书琳琅满目,图书资源非常丰富。但是,曲宝琴选书的时候很"挑剔":一是生字不能太多,否则难度太高,孩子会逐渐失去兴趣;二是要主题健康,明亮达观,这样的图书才能达到教育的目的。

一位著名的心理学家通过研究表明,一个人 50% 的智力发展是在出生后到 4 岁这一年龄段完成的,如果儿童在幼儿时期被剥夺了智力刺激,那么他永远也达不到他应当达到的高水平了。曲宝琴在

三个女儿还牙牙学语之时,就通过教她们背唐诗来开发记忆力,她的这一做法收到了明显效果。

记忆是指人们在生活实践中经历过的事物在大脑中遗留的印迹,印迹的保持和再现表示记忆的存在。每位父母都希望自己的孩子聪明,有一个好的记忆力。提高孩子记忆力的方法多种多样,正如人们常说的,天才就是1%的天赋加上99%的后天努力与培养。

当然,培养孩子的记忆力不只有背诵古诗这一个好方法,家长可以根据孩子的性格和生活环境,在日常生活中注意以下几个方面的培养:

丰富孩子的生活环境

有生活经历才有记忆,有的孩子年龄很小,却因为"见多识广",能记住和讲述很多见闻。父母应该从小给孩子提供丰富多彩的生活环境,给孩子玩各种颜色、有声的、能活动的玩具,听音乐,多与孩子讲话,给孩子念儿歌、诗歌,讲故事,带孩子去公园、动物园、商店,和孩子一起做游戏等,这些都会在他们的耳濡目染中留下深刻印象,能保持较长时间的记忆。这些印象在遇到新的事物时会引起联想,使他们更容易记住新的东西。

💗 给孩子布置识记任务

为了培养孩子的有意识记忆能力,可以给孩子布置有意识记忆的任务,最简单的可以从要孩子取一样东西或传一句话做起。随着孩子年龄的增长,布置识记的任务可日趋复杂,如要求记住游戏规则,复述一个故事或讲出参观见闻等。

💗 培养孩子的学习兴趣

成人对自己感兴趣的东西往往很容易记住,对自己很重要或必需记忆的东西,也会强迫自己花力气去记住它。而孩子往往做不到这一点,对自己不感兴趣的东西很难记住。因此要孩子学习某种知识和技能,不能靠强迫命令,而是要激发孩子的学习兴趣。

💗 注意评价用语

记忆力是可以通过训练提高的。父母要注意维护孩子的自信心,有的父母常骂孩子"你什么都记不住,一点记性也没有,对你说了也白说"等话,是很伤孩子自尊心的。父母在评价孩子的时候,一定要注意评价用语。

PART 2
轻松搞定小磨蹭的招数

孩子一遇到难题就磨蹭怎么办

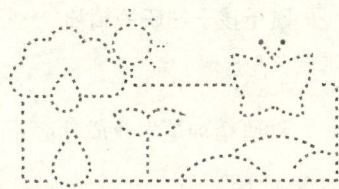

有的孩子在学习中一遇到难题就呆着不动,磨磨蹭蹭半天也不答题,到最后或请教家长,或请教同学,或空着不做。这些孩子在学习中缺乏钻研精神,缺乏迎难而上的勇气。

毛毛上小学五年级,快期终考试了,学校发的练习卷很多,有一部分是比较难的题目。每次遇到那些"拦路虎",毛毛就会高声喊:"妈妈,我不会,教我!"有几次妈妈忙着做晚饭,晚了十几分钟去"帮忙",毛毛就坐在那里磨蹭,玩玩这个,玩玩那个,妈妈问他为什么不自己试着钻研一下,毛毛无辜地说:"我在等着你跟我讲呢!"妈妈叹气,摇摇头,不知道怎么办好。

遇到难题不肯钻研,只想获取帮助的孩子,天长日久就会缺乏思考的独立性,很难在学业上有所突破。那么,家长该怎么办呢?

赋予孩子钻研的精神

钻研精神是学业成功必不可少的因素,许多科学家、文学家、艺术家都印证了这一点。

高斯,1777年4月出生在德国。他是18世纪最伟大的数学家之一。高斯从小就勤奋好学,很早就显示出超人的数学才能。他学习刻苦,又勤奋。白天在学校里,除上课时专心听讲之外,他还尽量利用课外时间钻研数学,阅读了很多大数学家的著作;晚上,为了节省灯油,父亲要求高斯天一黑就上床睡觉,但高斯太喜欢读书了,他把一个大萝卜挖去了芯,塞进一块油脂,插上一根灯芯,做了一盏小油灯。他一个人躲在顶楼上,在微弱的灯光下,专心致志地看书学习,直到深夜才睡。

1795年,高斯18岁时,他来到著名的哥廷根大学攻读数学。第二年,他成功地解决了当时自希腊数学家欧几里得以来两千多年一直悬而未决的数学大难题,轰动了数学界。有人曾问高斯:"为何你在数学上总能有那么多的发现?"

高斯回答说:"假如别人和我一样,认真钻研数学真理,他也会做出同样的发现。"

由此看来,钻研是高斯成功的秘诀。高斯一生专心致志、持之以

PART 2
轻松搞定小磨蹭的招数

恒地钻研数学,为科学事业的发展作出了卓越的贡献。

像高斯那样因为肯钻研而取得成功的人很多,如果孩子也像高斯一样,遇到难题迎难而上,而不是磨磨蹭蹭拖延时间,那么孩子就能得到知识的精髓,学得更加扎实。在生活中,家长一定要多鼓励孩子思考,让孩子有不懂的地方多问、多学,凡是关乎学习的就要刨根问底,弄个清楚。当然,家长也要做孩子的好榜样,遇事不要得过且过,可以和孩子一起研究,一起探讨,带领孩子钻研问题。

提高孩子的意志品质

孩子遇到难题就退缩,也可能是由于意志品质薄弱的原因。"我那孩子其实头脑很聪明,不知为什么就是学习成绩上不去。"这是很多家长经常感叹的一句话。的确,这些孩子的智力并不低,他们的父母和老师都可以举出许多的例子来证明。可是为什么学习成绩上不去呢?如果家长稍加注意,就会发现这些孩子或多或少会有以下表现:喜欢撒娇;冬天爱赖被窝,夏天怕晒太阳;干了一点儿活,"累死了"就不离口;父母让他做事,即使答应,也迟迟不肯离开电视机;经常向父母提要求,而父母要他干的总不能完成……这些表现都告诉家长——孩子缺乏意志力。

轻松搞定世界上"最磨蹭"的小孩

要想改变孩子,家长就要提高孩子的意志力。如何做呢?千里之行,始于足下。从小事做起,持之以恒,是磨炼意志的好方法。从古至今,许多名垂青史的人,都曾通过小事情磨炼自己的意志。

公元前496年,吴王阖闾派兵攻打越国,但被越国击败,阖闾也因伤重身亡。两年后阖闾的儿子夫差率兵击败越国,越王勾践被押送到吴国做奴隶,勾践忍辱负重伺候吴王3年后,夫差才对他消除戒心并把他送回越国。其实,勾践并没有放弃复仇之心,他表面上对吴王服从,但暗中训练精兵,强政励治并等待时机反击吴国。吃苦能锻炼意志,安逸反而会消磨意志。勾践害怕自己会贪图眼前的安逸,消磨报仇雪耻的意志,所以他为自己安排艰苦的生活环境,用一些小事磨炼自己的意志。他晚上睡觉不用褥,只铺些柴草,又在屋里挂了一只苦胆,他不时会尝尝苦胆的味道,为的就是不忘过去的耻辱。勾践为鼓励民众,和王后与人民一起参与劳动,在越人同心协力之下越国日渐强盛,最终找到时机,灭了吴国。

东汉时候,有一个人名叫孙敬,是著名的政治家。开始时由于知识浅薄得不到重用,连家里人都看不起他,这一切使他大受刺激,于是下决心认真钻研,经常关起门,独自一人不停地读书。每天从早到晚读书,常常是废寝忘食。读书时间长,劳累了,还不休息。时间久了,疲倦得直打瞌睡。他怕影响读书学习,就想出了一个特别的办

法。古时候,男子的头发很长,他就找一根绳子一头系住头发,另一头牢牢地绑在房梁上。当他读书疲劳时打盹了,头一低,绳子就会牵住头发,这样就会把头皮扯痛,马上就清醒了,再继续读书学习。这就是孙敬"悬梁"的故事。

战国时期,有一个人名叫苏秦,也是出名的政治家。年轻时,由于学问不多不深,曾到好多地方做事都不受重视。回家后,家人对他也很冷淡,瞧不起他。这对他的刺激很大,所以,他下定决心,发奋读书。他常常读书到深夜,很疲倦,常打盹,直想睡觉。于是他想出了一个方法:准备一把锥子,只要打瞌睡,就用锥子往自己的大腿上刺一下,使自己清醒起来,再坚持读书。这就是苏秦"刺股"的故事。

苏联科学家巴甫洛夫,以工作精确、细致著称。他写字十分工整,像印刷出来的一样。原来年轻时,在就把工工整整地书写作为自己磨炼意志的开端。

我国体育名将周晓兰,在球场上吃得苦、忍得痛,意志坚强,这与她小时候在小事上的磨炼是分不开的。上小学时,她常因看电影耽误功课,在父亲的帮助下,从克制看电影做起,功课做不完就把电影票退掉,再好的电影也不去看。经过一段时间,她战胜自己,养成了很强的自制力。

坚强的意志是在千百件小事的锻炼中逐步培养出来的,正如著

名文学家高尔基所说:"哪怕对自己一点小的克制,都会使人变得强而有力。"家长培养孩子的意志品质,要从孩子"小的克制"入手。

第一,给孩子布置的任务要明确。意志常常是和活动联系在一起的,培养孩子的意志,也就需要从具体的事情开始。家长布置给孩子的任务要明确,不要朝令夕改,这一点非常重要,否则孩子会觉得无所适从。比如,家长要求孩子每次做完作业之后都要检查,不能因为某次时间赶不及要出门,就让孩子不检查作业。家长要强化孩子的意志行为,使其逐渐形成意志的自觉性。

第二,从生活中的小习惯出发。意志的养成,可以从生活中的一些小习惯出发,如遵守作息时间、自己收拾书包、自己收拾房间等。家长要对孩子严格要求,如要求他们该完成的任务一定要完成,绝不能半途而废;要求他们改正的缺点就要监督他们逐渐改正。这样,在孩子形成良好行为习惯的同时,也培养了他们良好的意志品质。

第三,设计稍微有点困难的活动。意志活动常常和困难联系在一起,因为克服困难需要很强的意志。家长在培养孩子意志力的活动中,可以设计稍微有点困难的活动。比如,要求孩子每天写一篇300字的日记,这些小活动、小考验非常能够培养孩子的意志。当然,这里要注意的是,设计的活动如果太难,不符合孩子的心理发展水平,就很容易使孩子受挫,家长要根据孩子的能力来设计。当然,活

动也不要太容易,如果太容易,孩子就不需要付出什么努力,对意志的培养当然没有什么好处。

第四,孩子的一言一行家长要经常给予点评指导。家长要从孩子日常生活、学习过程中的小事抓起,对孩子进行意志力的培养。对孩子的一言一行家长要经常给予点评指导,对孩子表现出的良好意志力要给予及时的表扬和鼓励;对于缺点则给予理性的说服教育,鼓励孩子更好地前进。

第五,家长要"狠心"一些。家长在日常生活中,要观察、指导并要求孩子凡事都要坚持到底,要干就要干好,直到成功。要让孩子明白,无论做什么事情,如果不能坚持到底,就会半途而废,难以成功。家长溺爱、娇惯、放纵孩子,这往往是使孩子丧失意志的根本原因,对于意志薄弱的孩子,家长尤其要注意不要"心太软"。

最后,从小事做起只是起点。培养坚强的意志品质,要随着孩子的成长和进步,从小到大、从易到难、从低到高地磨炼孩子。当孩子能够迎接越来越大的困难和挑战的时候,一个意志坚强的孩子就站在家长面前了。

孩子学习上"心有余力不足"怎么办

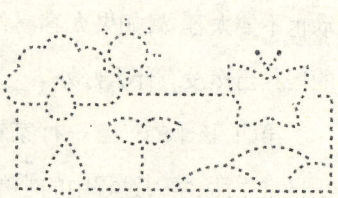

有的孩子明明很认真,可是在学习上却总是跟不上别的孩子。比如,老师布置同样多的作业,速度快的孩子一个小时完成,可是这些孩子却要花一个半小时到两个小时,而且正确率还没有速度快的孩子高。但是,这些孩子答题认真,态度端正,都是老师眼里的"好孩子",那么,区别在哪里呢?是什么使得这些孩子不想磨蹭却快不起来,不想答错却正确率总是不高?最大的原因莫过于学习方法的问题了。

❤ 3分钟了解孩子的学习方法是否正确

既然学习方法对孩子具有重要的意义,那么判断孩子的学习方法是否正确就显得很有必要。由于学习方法有很多种,所以也就有很多不同的测量表,如记忆方法测量、阅读方法测量、听课方法测量、注意力测量等。在这里向家长介绍一种学习方法的简易自测法,可

以先让孩子自答,再来评判。花 3 分钟时间即可了解孩子的学习方法是否正确。

测试问题:

下面是 10 个问题,你实际上是怎么做的、怎么想的,就怎么回答。每个问题有 3 个可供选择的答案:是、不一定、否。回答"是"的给 10 分,回答"否"的不给分,回答"不一定"的题目都给 5 分。最后计算总分。

①你有制订一套科学的学习计划和学习目标吗?
②你能按时完成作业并及时预习和复习吗?
③你能集中精力学习,把被动学习变为主动学习吗?
④你每次读书都认真做笔记吗?
⑤除了学会运用公式定理,你还知道它们是如何推导出来的吗?
⑥学完的知识,你都能对它进行归纳总结并找出重点、难点吗?
⑦你能够经常熟练使用各种工具书吗?
⑧你能和每位老师及你的同学都有着良好的沟通吗?
⑨在课堂中,你能迅速抓住所讲重点并能很快融会贯通吗?
⑩在每一次的大小考试中,你都能保持良好的考试心态吗?

测试结果:

总分 85 分以上,学习方法很好;总分 65～85 分,学习方法好;总分 45～60 分,学习方法一般;总分 45 分以下,学习方法较差。

影响孩子学习方法不当的因素

为什么有的孩子没有正确的学习方法呢?这是由多方面因素影响的。

第一,对学习方法的重要性认识不足。不少孩子在学习上放任自流,看不到科学的学习方法的作用和意义,没有尝到正确方法所带来的甜头,因而不愿意花时间和精力去认真研究和掌握先进的学习方法。

第二,对各科的学习特点认识不足。学习方法具有适应性,其中一个方面就是要适应各阶段、各学科的学习特点。这就需要孩子对目前的学习有明确的认识,在此基础上,才能形成科学的方法。有的孩子说:"上小学时,我的成绩挺好。可刚上初中,就感到学习很吃力,成绩上不去,心中很着急,该怎么办呢?"这其中一个很大的原因在于学习方法没有及时调整。从小学到初中,学习特点发生了较大的变化。还有的孩子发愁:"我其他学科的成绩都不错,可为什么就学不好外语呢?"原因也可能在于他没有认识到外语学习的特点。作为家长,应帮助孩子了解各阶段、各学科的学习特点,使他们能及时调整自己的学习方法,以适应不同的学习活动。

第三,对自身的状况认识不足。对自身认识不足主要包括两个方面,一是对自己目前的学习状况没有客观、清醒的认识。有的孩子

因为成绩不太好而妄自菲薄、过于自卑，认为自己一无所长、无可救药。也有的孩子因为学习良好而目中无人、自以为是，看不到自己的缺点和不足。这些不客观的认识会使孩子在运用学习方法的时候产生偏差。如自以为是的孩子在制订学习目标时往往会好高骛远、不切实际。二是对自己的个性特征认识不清。每个人的能力、气质、性格、身体状况、生物周期等都不同，科学的学习方法必须是适合孩子的个性特征的，别人的方法仅是参考而已。从这个意义上说，有多少个学习成功的人就有多少种成功学习的方法。有的人喜欢待在空旷的大房间里看书，有的人喜欢缩在狭小的房间里看书，而有的人喜欢躺在草地上看书，由于生物钟的不同，有的人利用白天学习，有的人利用晚上学习。只要学习效果好，这些方式本身都无可厚非。

学习方法除了要适应学习特点外，还要适应个体特征。如果孩子对自身的状况和条件认识不足的话，则很可能造成方法不当。

以上分析是从孩子个体出发的，是造成学习方法不当的内因。除此之外，还有来自教师的外因对孩子学习方法的形成产生影响，也都是造成学习方法不当的可能原因。

指导孩子科学用脑，提高学习效率

孩子有没有正确的学习方法，直接影响着他们获得知识的质量。

蔡元培，字鹤卿，浙江绍兴人，革命家、教育家。曾任教育总长、北京大学校长、中央研究院院长等职。他为发展中国新文化教育事业，建立中国资产阶级民主制度作出了重大贡献，堪称"学界泰斗、人世楷模"。

蔡元培小时候性情非常平和，母亲因此最喜欢他，对他的期望也最大。

从蔡元培还是个稚童开始，母亲就经常给他讲前人孜孜求学、建功立业的故事。刚到6岁时，母亲就把蔡元培送到私塾里去读书。蔡元培8岁时，父亲蔡光普染病身亡。一家的顶梁柱倒了，蔡家从此走向贫穷。面对家庭的不幸，母亲周氏更显得顽强和坚毅。她婉言谢绝亲友们的救助，独力支撑起门户，坚持供养几个儿子继续上学读书。

每当夜幕降临，母亲就燃起那如豆的昏暗油灯，蔡元培和他的兄弟们围坐在桌旁，开始了紧张的夜课。母亲周氏也陪在桌前，她那殷殷的目光，关切的神态，像是无声的命令，督促着蔡元培兄弟们勤学苦练。有时母亲见孩子们困乏了，就说："别熬了，明早早些起来做。"第二天清晨，母亲就提前叫醒蔡元培他们："起来啦，熬夜不如早起。"

周氏就是这样调教着、管理着孩子们的学习，以至几十年后，蔡元培回忆起这一段学习生活时，仍觉受益匪浅。"熬夜不如早起"的

学习方法成了蔡元培一生的习惯。

科学家和教育家都预言：未来的文盲将不是目不识丁的人，而是那些没有掌握学习方法、不会学习的人。无数事实也证明，童年时期如果没有掌握良好的学习方法，没有良好的学习习惯，孩子长大之后就会在学习上逐渐有力不从心之感，逐渐被社会淘汰。所以，要想让自己的孩子成为创造型人才，有一个成功的未来，就要从小指导孩子运用科学的学习方法进行学习，这样不仅会提高学习效率，而且会使学习充满乐趣。

培养孩子科学用脑的习惯，家长可以采取以下方法：

第一，单一使用大脑时间不应过长。心理学研究发现，健康儿童连续用脑 30 分钟，血糖浓度在 120 毫克以上时，大脑反应快，记忆力强，如果时间再延长至 90 分钟、120 分钟、210 分钟，孩子的大脑反应就会逐渐迟钝，思维力逐渐减弱，严重的还有可能使大脑暂时失去工作能力。所以，科学家建议学生做一次功课或看书学习的连续时间不宜超过半小时至一个小时。

第二，保证充足的睡眠。睡眠是解除大脑疲劳、保证大脑正常工作的主要方式，儿童就更需要充足的睡眠了。所以，父母应安排好孩子的睡眠时间，不让孩子熬夜，以免影响孩子的健康。蔡元培母亲的"熬夜不如早起"的方法是值得大家借鉴的。

第三,有足够的体力活动。父母要鼓励并带领孩子多做体育锻炼,因为体力活动不仅可以促进脑细胞的新陈代谢,消除大脑疲劳,还可以提高神经系统的反应能力和灵活性。

第四,帮助孩子利用"最佳用脑时间"。因人的性格、气质等有差别,每一个人的"最佳用脑时间"也有所不同,有的人早上使用大脑效果好,有的人则晚上大脑清醒,父母如果注意观察,是能够掌握孩子的"最佳用脑时间"的。另外,父母最好能让孩子养成早睡早起的习惯,将"最佳用脑时间"调整到白天,这样对孩子的学习会非常有帮助。

第五,不同学习内容交叉进行。不同的学习内容,会在孩子大脑皮层的不同区域形成兴奋点。如果交叉学习不同的内容,就能使大脑皮层不同区域的神经细胞轮流工作,大脑因获得休息而更好地发挥作用。

第六,及时给大脑补充营养物质。大脑在集中工作时,会消耗大量营养物质和氧气,如果得不到及时的补充,大脑就会受损。因此,父母应该给孩子提供合理的饮食,应该有丰富的蛋白质、维生素和矿物质满足大脑神经细胞正常代谢的需要。

PART 2
轻松搞定小磨蹭的招数

孩子在考试时磨蹭怎么办

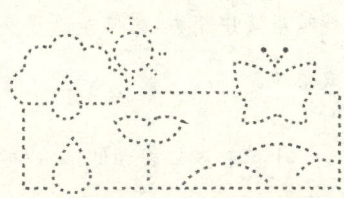

每次考试来临,紧张的不仅仅是孩子,家长也是一样。但是,有些孩子因为反应慢、注意力分散、敏感会造成考试动作慢、磨磨蹭蹭的情况,面对这样的孩子,家长可以做些什么呢?

❤ 让孩子把考试当作平常事

家长要教育孩子尽量以一种平和的心态看待考试,让孩子明白:考试其实是教学过程的一个组成部分,这样孩子就不容易焦虑,不会在考试的时候磨蹭,答不好题。

小英,15岁,初三学生,品学兼优。最近小英发现自己考试时精力无法集中在试卷上,一拿到试卷不是先看题而是先看其他同学。如果看到其他同学在不假思索地流畅答题,自己就变得极其紧张,手脚大量出汗,还心悸、恶心,认为自己这次肯定要落后了,越是这么想

就越难集中精力,常常是到了交卷时间还没有答完题,更别提考出好成绩了。

小英的这些表现便是一种很典型的考试境遇性焦虑障碍。要想克服这种症状,家长要让孩子以平常心来对待考试。比如模考,它的目的无非是检查学生的知识掌握情况,查缺补漏,以便今后的复习。因此,没必要把它看得太重。应将注意力集中在知识的学习和理解上,真正地掌握科学文化知识。此外,还应让孩子正确认识自己,对自己有信心,不要一下定过高的目标,只要能从每一次考试中发现进步和收获即可。同时,让孩子知道自己和同学其实有着共同的目标,其他同学在这种特殊时期也同样会紧张,同样有答不出来的题,以此缓解孩子因考试带来的巨大心理压力。

让孩子保持适度紧张

适度紧张对考试有利是有科学依据的。让孩子保持适度紧张,有利于考试时发挥出比平时水平更高的竞技状态。科学研究表明,心理压力与考试成绩之间的关系呈"∩"状。

"∩"的一侧下端部分,表现为紧张程度过低。这时候的孩子大脑保持在一种低唤醒状态,会感到学习乏味无趣,考试时容易对题目

产生轻视和马虎现象。这就是为什么许多成绩很好的孩子,在考试时做基础题反而常常会丢分的原因。

"∩"的另一侧下端部分,表现为紧张程度高。这时候孩子的大脑处于一种高度唤醒状态,考试时最容易出现以下两种不良状态:一是组织答案有困难。明明知道答案,却完全没有头绪,无法顺利地用文字加以组织,当然就不能得高分了。二是出现认知阻断。落笔时头脑一片空白,什么都想不起来,等到答案想出来了,考试时间也到了;或者要到交卷后,才会想起答案来。

显然,处于两者之间的适度紧张,无论对复习还是考试都最有利。适度紧张既然有如此神奇的作用,那么,怎样才能培养孩子适度紧张的状态呢?

第一,劳逸结合,有张有弛。每当考试来临,有些孩子总会出现各种程度不一的考试焦虑现象。究其原因,就在于父母给孩子的生活安排得过于单调。如果是这样,父母就需要让孩子劳逸结合,每天至少抽出一个小时以上时间用于运动、娱乐、休息。为了起到调节情绪、缓解压力的作用,最好给孩子安排一些对抗性不强的活动,如跳绳、散步、听音乐、看新闻等。

第二,不"开夜车",调整好孩子的生物钟。大多数孩子考试前都有"开夜车"的习惯,从而导致晚上比白天更兴奋,晚上比白天学习效

率更高。由于考试总是在白天进行的,所以遇到这种情况,要逐步调整孩子的生物钟,让他把兴奋点逐步扭转到白天,让孩子在白天更兴奋、学习效率更高。要做到这一点,可以让孩子每天比前一天早睡几分钟,慢慢地加以调整。否则,如果白天昏昏欲睡,对考试是非常不利的。

第三,每天给孩子一个积极的心理暗示。每天复习之后,让孩子好好回顾一下这一天的收获,然后给他(或者孩子自己给自己)一个积极的心理暗示,以此来调节情绪,以越来越好的心态迎接即将到来的考试。这种心理暗示可以包括:通过这一天的学习,他又做对了哪一道题,发现了怎样的一个知识漏洞,巩固了一个怎样的知识点等,让孩子觉得自己总在不断地进步中。

教会孩子合理分配考试时间

考场上的时间是十分紧张的,要分秒必争。合理分配考试时间是临场发挥的重要策略,做到了这一点,既能保证孩子考试的时候不磨蹭,时间够用,又可以避免孩子因担心时间不够而片面追求速度所造成的马虎丢分。家长应该帮助孩子寻找到适合自己答题特点的考试时间分配方案。

PART 2
轻松搞定小磨蹭的招数

理科高考状元利明的考试心得是，每当考试开始时总有一段时间静不下来，严重时甚至连题目都读不进去，非常容易走神。所以，每当考试时，他总是跳过选择题，先做其他题目。

在考理科综合时，利明就是这样做的。虽然他知道，根据卷面顺序解题，对于考生而言是一个不错选择，可是他却不想如此分配时间。尤其是理科综合考卷考查面广、考试时间长，最要命的是题目分值高，不允许出现一点点差错。

针对自己的特点，利明在解题时首先做生物Ⅱ卷。这部分做完后，再回过头去按顺序解题。他觉得，这和举重运动员在举杠铃之前做深呼吸、棋手在落子之前闭目静坐片刻一样，除了增加吸氧以外，主要是能起到一种镇定作用。

而上述解题顺序和时间安排，不但适合利明的个人特点，同样对他也能起到一种稳定情绪的作用。再加上开考时提前10分钟进场，一方面，准备文具、熟悉考场；另一方面，利用这几分钟闭目静坐、放松肌肉，深深地用腹部吸气，避免胸部起伏，并且每次都尽量将气呼尽，同时心中默默自语"静——静——"，取得了较好的松弛效果。

每当做完一道题后，利明不是争分夺秒地赶快去做下一题，而是暂停5～10秒钟。一方面，他在心中庆幸自己"又顺利解决了一题"；另一方面，通过这种方式清醒头脑，换一种新的思考模式解答下一道

题。因为一般来说,出现在考试卷上的相邻的两道题目,解题思路是不一样的。这种"休息"看似浪费时间,实际上是在节省时间。

对于自己根本做不出来的题目,利明坚决放弃。衡量标准是,做出这个决定的时间绝不允许超过分配时间的 1/3。例如,完成这道题目原来准备用 10 分钟的,当考虑了三四分钟后仍然觉得无从下手,那就立刻放弃,把剩余的六七分钟时间用在其他题目上,做到"堤内损失堤外补"。

就这样,利明的理科综合考了 297 分的高分,为他成为该省高考状元奠定了坚实的基础。

考试时间的分配直接影响孩子的考试成绩,家长要教会孩子用科学、合理的方法去分配。

第一,避重就轻,抓大放小。家长要让孩子明白,考场上的时间分配原则是避重就轻、抓大放小。避重就轻,是要把解题重点放在简单、容易做的题目上。为什么?因为解答这样的题目十拿九稳能得分。只要稳扎稳打,一般都能得到差不多一半分数,"基本任务"就完成了。抓大放小,是要让孩子善于放弃自己做不出来的难题,把简单的题目先做好,拿到该拿的分。千万不要因为一道难题做不出来就郁闷半天,不但拿不到应有的分数,还会挤占后面的答题时间。

第二,好钢用在刀刃上。避重就轻、抓大放小后,一张考卷中的

基本分就已经到手了。接下来孩子就要把好钢用在刀刃上——抓紧时间做剩余题目。这种剩余题目虽然可能有难度,分值也不一定高,但是如果能做出来,就能超越同伴,是取得高分的关键。与此同时,家长还要提醒孩子把一部分时间用在复查前面做过的题目上,但必须讲究重点。复查的重点主要是这三类题目:感觉特别容易的题目,这种题目往往会因为麻痹大意而丢分;似曾相识的题目,这种题目往往会被一厢情愿地认为"以前做过",但这种概率实在很小的;没有把握的题目,要重新审题,梳理思路和答案。

❤ 让孩子自信满满地走进考场

考试心态的好坏,是决定考试分数高低的一个重要方面。以高考为例,考试心态能直接影响孩子的临场发挥,直接影响考试成绩。而考试心态最主要的表现就是自信。自信的孩子考试不会磨磨蹭蹭,而是会抓紧时间,发挥出最好的水平。那么,如何让孩子考试更有自信呢?

第一,注重增强孩子的基础实力。自信是建立在实力基础之上的。没有实力,自信就成了"阿 Q 精神胜利法",最终会不堪一击。所以,父母要督促孩子认真对待平时的学习和每一次考试,注重增强孩

子的知识实力,其主要要求是:

及时复习,促进知识建构。要经常让孩子练习"过电影法"的复习方法:不看书,而是独立地回想学过的内容、要点、重点、难点,检验知识的掌握情况,并进行规律性的总结、思考。

综合练习,积累做题经验。要让孩子重视每一次练习和大小考试,一方面巩固孩子学习、复习的成果;另一方面要保持孩子做题的熟练程度,这非常有利于增强孩子的自信。

查漏补缺,重在解剖题目。孩子要想巩固学过的知识就一定要做题目,但不能陷入题海之中。重点要放在解剖题目上,明确思路、掌握规律、总结教训,才能事半功倍。

第二,掌握心理学上的"自信的转移原则"。在具有一定实力的基础上,自信就成了孩子取得考试成功的精神保障。这时候最关键的,是要掌握心理学上的"自信的转移原则"。例如,临近考试时,每天让孩子做一些能让他感到自信的事情,然后让这种感觉扩大到其他领域。每天饭后或休息时,让他有半小时左右的时间用于他喜欢的业余爱好,如弹琴、听歌、打球、散步等。这不但能帮孩子减轻精神压力,更便于对接下来的学习、复习产生积极影响。千万不要让孩子一刻不停地复习,否则,越是这样孩子就越会感到实力不够,产生恶性循环,变得越来越不自信。

第三,父母越踏实,孩子越自信。孩子的自信受父母的影响最大。这不但是受遗传因素影响,更在于家庭环境对孩子性格的熏陶。总的来说,父母越踏实,孩子越自信。

父母的平静是对孩子的最大安慰。孩子每到考试尤其是中考、高考等重大考试前,总会多多少少有焦虑情绪。这时父母的情绪将直接影响到孩子的情绪。有时候,孩子本来很有自信,可是一看到父母焦躁不安的样子,可能立刻就怀疑起自己的能力来了。正确的办法是,要让孩子感到考试是生活、学习中一件非常平常的事,平时该做啥,这时候也做啥。除非经医生诊断孩子有器质性疾病,非住院、休养不可,否则大可不必过分关注孩子考前的紧张、焦虑、自我考前设阻等考前心理表现。父母稳得住阵脚,孩子才会特别安心。一方面,他会感到考试也没有什么大不了的;另一方面,他会体会到父母对自己的信任,感受到强大的家庭支持系统,变得自信起来。

不要对中等成绩的孩子忧心忡忡。大多数孩子的成绩都处于中等水平。一方面,父母对这样的孩子最不放心,或者说最缺乏信心;另一方面,这些孩子自己也最缺乏自信,因为中等区域的分数最密集,只要相差一分,排名就会落后许多,所以孩子的压力很大。其实,问题应该反过来看。各种各样的考试,出题对象都是针对中等程度的孩子,从这点上来看,他们在参加考试时具有更大的优势,所以孩

子完全不必把考试题目难度估计得过高、过偏、过怪。有了这样的心理打底子,复习时狠狠抓一抓基础知识和基本技能,很可能会在考试时成为一匹"黑马"。所以,父母要给孩子足够的自信,自信才能让孩子在考试中正常发挥,甚至超常发挥。